高等职业教育产教融合系列教材·电子商务类

国际营销理论与实战

主　编　周锡飞

副主编　金　毓　许　辉

主　审　沈凤池

北京理工大学出版社
BEIJING INSTITUTE OF TECHNOLOGY PRESS

内 容 简 介

本书以培养学生国际市场营销能力为核心，介绍最基本却最实用的国际营销学原理和方法，同时融入跨境电商营销知识与技能，选取了站内推广（包括阿里国际站、速卖通、亚马逊等平台）、站外引流（包括 EDM 推广、SEM 推广、社交媒体推广、展会推广等）等内容。本书可使学生开阔思维和眼界，了解不同的经济、文化、自然和政法环境下的营销知识与营销策略的调整。

本书采用项目化任务式体系进行编写，以"职场菜鸟"逐渐晋级为"职场达人"为线索，将知识点与技能点的教学充分"情境化"，将相关知识融入实际的操作步骤中，帮助学生实现"做中学、学中做"。每个项目都由项目背景、学习目标、知识导图、相关知识、案例透视、实战演练等六部分组成。

本书为新形态一体化教材，配套了丰富的视频资源，可供混合式学习。本书可作为高等院校国际贸易、跨境电商、市场营销、电子商务等专业及相关专业课程的参考教材，也可供企业国际市场营销人员参考、学习及培训之用。

版权专有　侵权必究

图书在版编目（CIP）数据

国际营销理论与实战／周锡飞主编． -- 北京：
北京理工大学出版社，2020.5（2024.1 重印）
ISBN 978 - 7 - 5682 - 8141 - 6

Ⅰ．①国… Ⅱ．①周… Ⅲ．①国际营销 -
高等学校 - 教材　Ⅳ．①F740.2

中国版本图书馆 CIP 数据核字（2020）第 022634 号

责任编辑：徐艳君	文案编辑：徐艳君
责任校对：周瑞红	责任印制：施胜娟

出版发行 ／ 北京理工大学出版社有限责任公司
社　　址 ／ 北京市丰台区四合庄路 6 号
邮　　编 ／ 100070
电　　话 ／ （010）68914026（教材售后服务热线）
　　　　　 （010）68944437（课件资源服务热线）
网　　址 ／ http://www.bitpress.com.cn
版 印 次 ／ 2024 年 1 月第 1 版第 3 次印刷
印　　刷 ／ 廊坊市印艺阁数字科技有限公司
开　　本 ／ 710 mm × 1000 mm　1/16
印　　张 ／ 11
字　　数 ／ 206 千字
定　　价 ／ 33.00 元

图书出现印装质量问题，请拨打售后服务热线，负责调换

产教融合电子商务系列教材
专家委员会名单

主　任：浙江工商职业技术学院　　　　　陈　　明
副主任：浙江商业职业技术学院　　　　　沈凤池
　　　　　浙江经济职业技术学院　　　　　谈黎虹
　　　　　金华职业技术学院　　　　　　　胡华江
　　　　　嘉兴职业技术学院　　　　　　　李玉清
　　　　　浙江盈世控股有限公司　　　　　张　　军
　　　　　北京理工大学出版社　　　　　　姚朝辉
委　员：宁波星弘文化创意有限公司　　　张万志
　　　　　浙江工商职业技术学院　　　　　史勤波
　　　　　长城战略咨询公司　　　　　　　吴志鹏
　　　　　浙江工商职业技术学院　　　　　蔡简建
　　　　　宁波灿里贸易有限公司　　　　　唐高波
　　　　　浙江工商职业技术学院　　　　　刘永军
　　　　　宁波卢来神掌品牌策划有限公司　卢奕衡
　　　　　浙江工商职业技术学院　　　　　俞　　漪
　　　　　宁波达文西电子商务有限公司　　张　　军
　　　　　浙江工商职业技术学院　　　　　许　　辉
　　　　　宁波云上电子商务有限公司　　　孙家辉
　　　　　浙江工商职业技术学院　　　　　蒋晶晶
　　　　　宁波云影网络有限公司　　　　　王绍峰
　　　　　浙江工商职业技术学院　　　　　卢星辰
　　　　　宁波飞色网络科技有限公司　　　王云平
　　　　　浙江工商职业技术学院　　　　　杨银辉
　　　　　宁波飞凡电子商务有限公司　　　沈兴秋
　　　　　浙江工商职业技术学院　　　　　陈佳乐
　　　　　宁波正熙跨境电子商务有限公司　韦全方
　　　　　浙江工商职业技术学院　　　　　周锡飞

序 言

创建于 2015 年 6 月的宁波市电子商务学院，是由宁波市教育局和宁波市商务委员会授权浙江工商职业技术学院牵头组建的一所集电子商务人才培养培训平台、电子商务创业孵化平台、电子商务协同创新平台、电子商务服务与政策咨询为一体的特色示范学院。学院主要依托各级政府、电商产业园、行业协会、电商企业，探索"入园办学"和"引企入校"的模式，发挥教学育人、服务企业和公共平台等功能，充分体现了产教融合、校企合作的办学理念。

浙江工商职业技术学院正是秉承了产教融合、服务地方经济建设的办学理念，将电子商务、国际贸易（跨境电商）、市场营销等多个专业的教学与实训置于电子商务产业园区之中，形成了颇具特色的产教园教学模式。这种"入园办学"的模式对教师的专业知识与能力来说无疑是个十分严峻的挑战，而应对挑战的唯一路径就是教师深入企业，参与企业运营与管理，甚至自主创业。经过多年努力，成果是斐然的。电子商务学院的张军老师 2013 年年初作为指导教师参与浙江慈溪崇寿跨境电子商务产教园项目的运作，至今已成为浙江盈世控股公司创始人之一，该公司营业额达 20 亿，员工 1 200 人。目前，该公司名下的电商生态园为学校提供一流的学习与实践基地。周锡飞老师获得了全国教师技能竞赛一等奖；许辉老师成为全国知名的电商培训师；蔡简建老师指导学生参加比赛，获得浙江省职业院校"挑战杯"创新创业竞赛一等奖两项、全国高职高专大学生管理创意大赛金奖。更多的教师则是兼任了企业电子商务运营总监、项目负责人等，他们在产教园中成功地孵化多个学生创业团队，其中"飞凡电商"2018 年销售额达 3 亿元之多。

"师者，所以传道授业解惑也"，将自主创业或者参与企业运作、指导学生实战的教学经验与理论形成书面文字，编写成教材，必使广大读者受益，善莫大焉。基于此，浙江工商职业技术学院与北京理工大学出版社共同策划了这套产教融合电子商务系列教材。教材专委会聘请富有创业实践经验的企业家和富有教学经验的专业教师共同开发编写教材,邀请资深电子商务职业教育专家担任教材主审,最大限度地保证教材的先进性与实用性,充分体现产教融合的理念。编委会希望本套教材对于广大同行与学生起到有益的帮助。

习近平总书记在党的十九大报告中指出,"完善职业教育和培训体系,深化产教融合、校企合作",为高职教育在新时代推进内涵建设和创新发展进一步指明了方向。国务院办公厅印发《关于深化产教融合的若干意见》指出,深化产教融合,促进教育链、人才链与产业链、创新链有机衔接,是当前推进人力资源供给侧结构性改革的迫切要求,对新形势下全面提高教育质量、扩大就业创业、推进经济转型升级、培育经济发展新动能具有重要意义。因此,对高职院校而言,必须与行业企业开展深度合作,提高人才培养质量,才能提升学校在地方经济社会发展中的参与度和贡献率。浙江工商职业技术学院的电子商务类专业正是沿着这一正确的道路在前行。

产教融合电子商务系列教材专家委员会

前 言

随着"一带一路"倡议的推广，中国和世界经济发展充满了新的活力，中外企业也迎来了更多国际市场营销的机会。与此同时，"互联网+外贸"的新趋势也对中国企业抢占国际市场提出了新的挑战。在机遇与挑战共存的大环境下，如何研发迎合当地消费者偏好的产品，如何更好地把商品和服务推广到国外市场，如何维护与客户之间的关系，这些都需要我们学习国际市场营销的知识与技能。本书以我国外贸企业开拓国际市场为线索，在国际市场营销基础理论与方法的基础上，从经典4PS营销组合出发，融入了跨境电商营销推广的相关内容，包括站内推广、站外引流等网络营销的知识，更符合相关企业的人才培养需求。

本书采用项目化任务式体系进行编写，以"职场菜鸟"逐渐晋级为"职场达人"为线索，将知识点与技能点的教学充分"情境化"，将相关知识融入实际的操作步骤中，帮助学生实现"做中学、学中做"。具体来说，本书的每个项目都由项目背景、学习目标、知识导图、相关知识、案例透视、实战演练等六部分组成。另外，本书还同时配套有重要知识点的微课视频资料与习题资料，均可通过扫描相应二维码快速获得。教师可以充分利用本书资源开展混合式教学，学生也可以方便地进行碎片化学习，随时检验自己的学习成效。

本书可作为高等院校国际贸易、跨境电商、市场营销、电子商务等专业及相关专业课程的参考教材，也可供企业国际市场营销人员参考、学习及培训之用。

本书周锡飞担任主编，金毓、许辉担任副主编。沈凤池担任主审。感谢张军、孙建军提供企业实操资料，感谢宁波跨境电子商务综合试验区管理办公室、宁波市跨境电子商务协会提供数据支持。

由于编者水平和经验有限，书中不免有不足和欠妥之处，恳请各位读者批评指正。

编　者

目 录

项目一　国际市场营销认知 ··· (1)
　任务一　营销理念认知 ·· (2)
　任务二　目标市场营销策略认知 ··· (7)
　任务三　营销组合策略认知 ··· (12)

项目二　市场调研与分析 ·· (15)
　任务一　市场调研方法认知 ··· (16)
　任务二　宏观环境分析 ·· (18)
　任务三　微观环境分析 ·· (23)
　任务四　消费者行为分析 ·· (26)

项目三　渠道选择、选品与价格 ··· (30)
　任务一　平台选择 ·· (31)
　任务二　市场定位 ·· (37)
　任务三　选品 ·· (41)
　任务四　定价 ·· (47)

项目四　营销推广内容策划 ··· (52)
　任务一　推广文案制作 ·· (53)
　任务二　视觉营销设计 ·· (64)
　任务三　短视频制作 ··· (79)

项目五　国际市场站内推广 ……………………………………（ 82 ）

任务一　阿里巴巴国际站站内推广 …………………………（ 83 ）
任务二　速卖通站内推广 ……………………………………（ 98 ）
任务三　亚马逊站内推广 ……………………………………（ 123 ）

项目六　国际市场站外推广 ……………………………………（ 131 ）

任务一　EDM 推广 ……………………………………………（ 132 ）
任务二　SEM 推广 ……………………………………………（ 137 ）
任务三　社交媒体推广 ………………………………………（ 142 ）
任务四　展会推广 ……………………………………………（ 154 ）

参考文献 …………………………………………………………（160）

项目一

国际市场营销认知

项目背景

小王是一名外贸专业大学毕业生,经过多轮面试终于进入了一家心仪的外贸企业——吉美商贸。师傅告诉他,目前外贸大环境对员工在国际市场开拓及推广方面的能力提出了新的要求,如果他想在这个行业做出成绩,亟须加强自己在国际市场营销方面的知识与技能。于是,小王开始了相关理论知识的"恶补"。

学习目标

1. 掌握营销核心概念,了解企业营销活动的过程;
2. 掌握国际营销基础理论;
3. 了解营销理论的现在和未来趋势(合作营销、文化营销与人文精神营销等);
4. 思考中国外贸企业发展面临的全球环境及其未来趋势。

知识导图

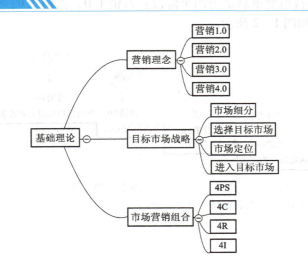

任务一 营销理念认知

【相关知识】

营销理论把市场营销的导向分为生产阶段、产品阶段、推销阶段、销售阶段、营销阶段和社会营销阶段。而从战略性的营销导向来分,菲利普·科特勒将其分为产品导向、客户导向、品牌导向、价值导向以及价值观与共创导向。如图1-1所示。

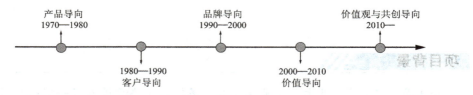

图1-1 战略营销导向的变化

资料来源:菲利普·科特勒2015年世界营销峰会演讲,东京。

营销之父菲利普·科特勒认为作为战略性的营销思想经历了以下五个阶段,它们是:战后时期(1950—1960)、高速增长期(1960—1970)、市场动荡时期(1970—1980)、一对一时期(1990—2000)以及最近五年所产生的价值观与大数据时期(2010—)。在不同的阶段,他都提出了重要的营销理念,比如我们熟知的市场细分、目标市场选择、定位、营销组合4PS、服务营销、营销ROI、客户关系管理以及最近的社会化营销、大数据营销、营销3.0等。

最近五年,菲利普·科特勒认为营销战略已经进入了价值观与共创导向。比如星巴克、小米、GE都在营销实践中贯彻了"以价值观为引导,实现客户共创"。因此,科特勒将营销变革总结为四个阶段:营销1.0,营销2.0,营销3.0以及最新的营销4.0。如图1-2所示。

图1-2 从营销1.0到营销4.0

资料来源:菲利普·科特勒2015年世界营销峰会演讲,东京。

一、营销1.0时代

营销1.0就是工业化时代以产品为中心的营销。营销1.0始于工业革命时期的生产技术开发,当时的营销就是把工厂生产的产品全部卖给有支付能力的人,这些产品通常都比较初级,其生产目的就是满足大众市场需求。在这种情况下,企业尽可能地扩大规模、使产品标准化,不断降低成本以形成低价格来吸引消费者,最典型的例子莫过于当年只有一种颜色的福特T型车——"无论你需要什么颜色的汽车,福特只有黑色的"。

产品导向将产品本身作为市场战略的核心,它的前提假设是企业的产品和技术都是已定的,而购买这种产品的消费者群体以及迎合的消费者需求却是未定的,有待于企业寻找和发掘,产品本身的竞争力就是市场竞争力的反应,这种导向由于割裂了消费者需求与产品之间的关系,逐渐在20世纪80年代被客户导向替代。

【案例透视】只注重产品观念的爱尔琴钟表公司受挫

美国爱尔琴(ELGIN)钟表公司自1869年创立到20世纪50年代,一直被公认为是美国最好的钟表制造商之一。该公司在市场营销管理中强调生产优质产品,并通过由著名珠宝商店、大百货公司等构成的市场营销网络分销产品。1958年之前,公司销售额始终呈上升趋势。但此后其销售额和市场占有率开始下降。造成这种状况的主要原因是市场形势发生了变化:这一时期的许多消费者对名贵手表已经不感兴趣,而趋于购买那些经济、方便、新颖的手表;而且,许多制造商迎合消费者需要,已经开始生产低档产品,并通过廉价商店、超级市场等大众分销渠道积极推销,从而夺得了爱尔琴钟表公司的大部分市场份额。爱尔琴钟表公司竟没有注意到市场形势的变化,依然迷恋于生产精美的传统样式手表,仍旧借助传统渠道销售,认为自己的产品质量好,消费者必然会找上门。结果,致使企业经营遭受重大挫折。

二、营销2.0时代

营销2.0是以消费者为中心的营销,其核心技术是信息科技,企业向消费者诉求情感与形象。20世纪70年代,西方发达国家信息技术的逐步普及使产品和服务信息更易为消费者所获得,消费者可以更加方便地对相似的产品进行对比。营销2.0的目标是满足并维护消费者,企业获得成功的黄金法则就是"客户即上帝"。这个时代里,企业眼中的市场已经变成有思想和选择能力的聪明消费者,企业需要通过满足消费者特定的需求来吸引消费者,如宝洁、联合利华等快速消费品企业开发出几千种不同档次的日化产品来满足不同人的需求。

20世纪50—70年代的买方市场形成后,产生了市场导向观念(Market Orientation)———一种以消费者的需求为中心的经营思想。该观念认为,实现企业诸目标的关键在于正确确定目标市场的需求和欲望,一切以消费者为中心,并且比竞争对手更有效、更有利地传送目标市场所期望满足的东西。

20世纪90年代初,世界进入了一个全新的电子商务时代,消费个性化和感性化更加突出,企业为了了解消费者的需求和欲望,迫切需要与消费者进行双向信息沟通。1990年美国市场学家罗伯特·劳特朋(Robert F. Lauterborn)教授提出了营销策略组合的4C理论,即Customer(顾客)、Cost(成本)、Convenience(便利)和Communication(沟通)。

尽管很多营销者都努力试图赢得消费者的青睐和关注,但不幸的是,以消费者为中心的营销方式仍坚持把消费者视为被动的营销对象,这就是营销2.0时代的观点,即以消费者为中心的时代。

三、营销3.0时代

现代企业所面临的是营销3.0时代,即价值驱动营销时代的兴起。在这个新的时代中,营销者不再把消费者仅仅视为消费的人,而是把他们看作具有独立思想、心灵和精神的完整个体。如今的消费者正越来越关注内心感到焦虑的问题,希望这个全球化的世界变得更好。在混乱嘈杂的商业世界中,他们努力寻找那些具有使命感、愿景规划和价值观的企业,希望这些企业能满足自己对社会、经济和环境等问题的深刻内心需求。简单地说,他们要寻求的产品和服务不但要满足自己在功能和情感上的需求,还要满足在精神方面的需求。

和以消费者为中心的营销2.0一样,营销3.0也致力于满足消费者的需求。但是,营销3.0时代的企业必须具备更远大的、服务整个世界的使命、愿景和价值观,它们必须努力解决当今社会存在的各种问题。换句话说,营销3.0已经把营销理念提升到了一个关注人类期望、价值和精神的新高度,它认为消费者是具有独立意识和感情的完整的人,他们的任何需求和希望都不能被忽视。

因此,营销3.0把情感营销和人文精神营销很好地结合到了一起。在全球化经济危机发生时,营销3.0和消费者的生活更加紧密,因为快速出现的社会、经济和环境变化与动荡对消费者的影响正在加剧。在这个时代里,地区疾病会爆发成国际危机,贫困问题日益突出,环境破坏问题越发严峻。营销3.0时代的企业努力为应对这些问题的人寻求答案并带来希望,因此它们也就更容易和消费者形成内心共鸣。在营销3.0时代,企业之间靠彼此不同的价值观来区分定位。在经济形势动荡的年代,这种差异化定位方式对企业来说是非常有效的。

【案例透视1】 合作营销——宝洁公司的海星模式

宝洁公司在消费者沟通和开发方面做得就很出色，它的营销策略彻底放弃了传统的消费者调研和开发方式。宝洁的营销模式很像一只海星，这种模式代表了企业未来的营销发展方向，因为它"无头无尾，更像一群努力协作的细胞"。正是受到这种开放创新计划的影响，宝洁在全球的管理者和供应商才得以源源不断地拥有各种鲜活生动的产品创意。有数据显示，开放创新计划对宝洁的营业收入贡献值高达35%，公司很多知名产品都是和消费者共同开发创建的，如玉兰油新生唤肤系列产品、速易洁除尘拖把和佳洁士电动牙刷等。这个计划的成功实施表明，除了在软件开发方面，消费者合作在其他行业领域也一样可行。除了帮助公司开发产品，消费者还能在广告创意方面贡献自己的力量。"多力多滋免费送"广告就是其中之一，这条由用户制作的广告一举赢得第21届今日美国超级碗广告点播量榜首的位置，让众多专业广告公司的作品相形见绌。这个案例证明，用户创作的营销作品往往更容易接近消费者，因为它们的相关度更高，更易于被消费者认可和接受。

【案例透视2】 文化营销——美体小铺成功的全球化案例

美体小铺也是一个成功的全球化案例，这家企业以高度重视社会责任和正义性闻名于世。通常来说，全球化和社会正义毫无关系，它只为成本最低、能力最强的胜者鼓掌喝彩。在全球化的世界里，强势的少数派会日益强大，而弱小的大多数只能苟延残喘，造成社会不可避免地出现不公，而这正是美体小铺要努力改变的问题。在很多人眼中，美体小铺积极改善社会平等的做法非常高尚，是残酷冷血的全球化所不具备的特质。尽管这家公司的做法经常被冠以反资本主义或反全球化的帽子，但实际上它的运作理念是支持全球化市场交换的。美体小铺认为，真正的公平和正义只能通过全球化业务的方式最终实现。

四、营销4.0时代

营销4.0是菲利普·科特勒提出的，是对其营销理论的进一步升级，即实现自我价值的营销。在丰饶社会，马斯洛需求理论中生理、安全、归属、尊重的四层需求相对容易被满足，于是消费者对于自我实现变成了一个很大的诉求，营销4.0正是要解决这一问题。随着移动互联网以及新的传播技术的出现，消费者能够更加容易地接触到所需要的产品和服务，也更加容易和与自己有相同需求的人进行交流，于是出现了社交媒体，出现了客户社群。企业将营销的中心转移到如何与消费者积极互动，尊重消费者作为"主体"的价值观，让消费者更多地参与营销价值的创造中来。而在消费者与消费者、消费者与企业不断交流的过程中，由于移动互联网、物联网所造成的"连接红利"，大量的消费者行为、轨迹都留有痕迹，产生了大量的行为数据，被称为"消费者比特化"。这些行为数据的背后实际上代表着无数与消费者接触的连接点。如何洞察与满足这些连接点所代表的需求，帮助消费者实现自我价值，就是营销4.0所需要面对和解决的问题，它是以价值观、连接、大数据、社区、新一代分析技术为基础来造就的。

表1-1对营销1.0~营销4.0时代进行了综合对比。

表1-1 营销1.0~营销4.0时代的综合对比

项目	营销1.0时代 产品中心营销	营销2.0时代 消费者定位营销	营销3.0时代 价值驱动营销	营销4.0时代 共创导向的营销
目标	销售产品	满足并维护消费者	让世界变得更好	自我价值的实现
推动力	工业革命	信息技术	新浪潮科技	社群、大数据、连接、分析技术、价值观
企业看待市场方式	具有生理需求的大众买方	有思想和选择能力的聪明消费者	具有独立思想、心灵和精神的完整个体	消费者是企业参与的主体
主要营销概念	产品开发	差异化	价值	社群、大数据
企业营销方针	产品细化	企业和产品定位	企业使命、愿景和价值观	全面的数字技术+社群构建能力
价值主张	功能性	功能性和情感化	功能性、情感化和精神化	共创、自我价值实现
与消费者互动情况	一对多交易	一对一关系	多对多合作	网络性参与和整合

资料来源：KMG研究，菲利普·科特勒凯洛格商学院讲义。

【实战演练】
请针对吉美商贸公司的现状，对其国际市场营销的理念展开讨论与分析。

【微课链接】

营销理念的演变

任务二 目标市场营销策略认知

【相关知识】

一、目标市场营销战略（STP）

目标市场营销战略（STP）是指有效开展目标市场营销的三个环节，包括市场细分（Segmentation）、目标市场选择（Targeting）和市场定位（Positioning），它是营销战略的核心内容。

STP 理论是指企业在一定的市场细分的基础上，确定自己的目标市场，最后把产品或服务定位在目标市场中的确定位置上。具体而言，市场细分是指根据顾客需求上的差异把某个产品或服务的市场逐一细分的过程。目标市场是指企业从细分后的市场中选择出来的决定进入的细分市场，也是对企业最有利的市场组成部分。而市场定位就是在营销过程中企业把其产品或服务确定在目标市场中的一定位置上，即确定自己产品或服务在目标市场上的竞争地位，也叫"竞争性定位"。

二、市场细分

（一）细分原则

1. 可衡量性

可衡量性指用来细分市场的标准以及细分后的市场应该是可以辨识和衡量的。如果细分后无法界定、难以描述，市场细分就失去了意义。

2. 可进入性

可进入性指营销活动的可行性，即企业能够进入细分市场，有能力满足目标市场的需求，能够为之服务。

3. 可营利性

可营利性即规模性，指细分市场的规模要大到足够获利的程度。一个细分市场应该是值得为之设计一套营销规划方案的尽可能大的同质群体。

4. 可分割性

可分割性即差异性，指细分市场间消费者需求有差别，对营销组合方案的刺激也有不同反应。

5. 相对稳定性

相对稳定性指细分后的市场能够在一定时间内保持相对稳定，有较长的生命周期，企业值得为之花费较高成本专门设计，实施一套营销方案。

（二）宏观细分

世界上有众多的国家，企业究竟进入哪个（或哪些）市场最有利，这就需要根据某种标准（如经济、文化、地理等）把整个市场分为若干子市场，每一个子市场具有基本相同的营销环境，企业可以选择某一个或某几个国家作为目标市场。这种含义的国际市场细分称为宏观细分。国际市场的宏观细分是整个国际市场细分过程中的第一步，因为只有在宏观细分的基础之上，才能进一步进行一国之内的微观细分。

1. 地理细分

国际市场的地理细分，是指将地理位置相近的国家和地区作为一类市场细分。比如，可以将整个全球市场分成亚洲市场、欧洲市场、北美市场、拉美市场、中东市场、非洲市场、澳新市场等。亚洲市场又可细分为东北亚市场、东南亚市场、南亚市场和西亚市场等。随着全球经济一体化进程的加速，按地理标准进行细分还可以与区域集团紧密结合，选择某个经济合作区的成员国就意味着开始进入整个区域市场，比如欧洲统一市场、北美自由贸易区，等等。

2. 经济细分

国际市场细分还可以按经济指标进行，常用的指标包括 GDP（国内生产总值）、GNP（国民生产总值）、经济增长率、基础设施建设水平、外商直接投资、市场规模与潜力等。通常细分的标准都选择组合指标。经济标准的细分也可以按照地区的经济发展水平进行划分，如以传统社会、起飞前夕、起飞阶段、成熟阶段、高度消费阶段等进行经济进步水平划分。

按照西方学术界的习惯还可分成发达国家、中等发达国家、初期发展中国家、欠发达国家和转型国家等。另外，还有金砖五国（其英文简称 BRICS 引用了五国的英文首字母）、五国集团、七国集团、十国集团等分类方法。

3. 文化细分

国际市场还可以根据文化要素进行细分，比如语言、宗教、习俗、审美等，在文化方面存在相似甚至相同的方面，就可以初步划为一个细分市场。比如依据宗教信仰的异同，可以将世界各国分割成不同的国家群。

大部分西方国家信仰基督教或天主教，它们也被不同程度地传播到一些发展中国家，如拉美大部分国家信仰天主教。中东、北非和南亚的 30 个国家的 7 亿多人口信仰伊斯兰教，其他一些国家也有伊斯兰教徒。亚洲大部分国家信仰佛教，包括日本、斯里兰卡、泰国和中国等。印度人信仰印度教，犹太人信仰犹太教，而非洲的一些国家信仰的是原始宗教。

通过综合文化的各个方面，又可以将大致相同的国家归为一类。如将美国、加拿大、英国、法国归为一个国家群，将沙特阿拉伯、科威特等中东国家划分在一起。根据语言又可以分为英语国家与非英语国家等。同为西欧国家，其文化特征也有所不同，可以此进一步做细分。

文化细分与地理细分相比，缺点在于这样选择的目标市场可能比较分散，从而不便于组织国际渠道、货物运输和售后服务以及进行管理。比如，生产清真食品的企业可以将世界上整个穆斯林作为目标市场,但他们除了集中在中东地区,还分布在东欧、西亚、南亚、东南亚以及其他地区。文化细分与经济细分相比,缺点在于同一市场细分中不同国家在经济发展水平上可能相差很大。

(三) 微观细分

1. 人口细分

人口细分(Demographic Segmentation)标准的内容十分广泛,主要包括消费者的年龄、性别、家庭规模、家庭生命周期、职业、收入水平、教育、种族、宗教等。人口细分对于消费者市场是一个十分重要的细分标准,因为消费者的欲望、偏好和使用频率往往与人口变数存在着一定的因果关系,而且人口变数比其他变数更易测量。

2. 心理细分

所谓心理细分(Psychological Segmentation)就是企业按消费者的生活方式、生活态度、个性、消费习惯等心理变数细分消费者市场。

3. 行为细分

行为细分(Behavioral Segmentation)指按消费者的购买行为细分市场,包括购买时机、寻求利益、使用状况、使用频率等行为变量,一般认为这些行为变量是消费者市场有效细分的最佳依据。

【微课链接】

国际区域市场

国际典型消费者群体

三、目标市场选择

在了解国际市场,并对其加以细分之后,就要对细分市场加以评估,并最终选择目标市场开展营销活动。选择目标市场需要评估潜在市场的吸引力,并进行必要的筛选。目标市场是企业打算进入的细分市场,或者说是打算满足某一需求的顾客群体。一般情况下企业选择国际目标市场时,有五种战略类型可供选择,如图1-3所示。

*P1、P2、P3代表企业向市场提供的不同产品,M1、M2、M3代表企业服务的不同细分市场

图1-3 国际目标市场战略类型

四、市场定位

1. 产品定位

产品定位主要追求产品的某些属性在消费者心目中形成与竞争对手不同的鲜明的概念。企业在采用这种方法定位的时候，需要了解消费者对产品不同属性的重视程度。主要有属性/利益定位和价格/质量定位两种定位策略。如洗发水市场不同品牌的定位：海飞丝以去头屑的属性为主要定位，而伊卡璐则强调花果清香，洗护分开。再如上世纪 80 年代台湾制造的雨伞在美国并非以高质量进行定位，而是以低价位或一次性产品进行定位，结果一举确立了该类产品在美国的主导地位。

2. 产品使用者定位

找出产品的正确使用者/购买者，会使定位在目标市场上显得更突出，在此目标组群中，为他们的地点、产品、服务等，特别塑造一种形象。一家纺织品连锁店将自己定位为：以过人的创意为缝纫业者服务的零售店，即为喜爱缝纫的妇女提供"更多构想的商店"。如运动鞋市场，随着消费者经济条件的改善，对产品的要求提高了，于是企业根据不同运动的特点生产出了适合不同运动的专用运动鞋，如各种田径鞋、球鞋、旅游鞋、登山鞋等。

3. 竞争者定位

企业将自己的产品与处于竞争有利地位的产品联系起来，采取直接或间接与之抗衡的策略，即对抗性定位和避强定位。如百事可乐在推出时就与可口可乐不断竞争，平分秋色；而美国七喜汽水在国际市场出现时，便打着"非可乐"的牌子，因为软饮料市场已被可乐垄断了。这两种抗衡定位都获得了巨大的成功。

4. 追随定位

相对于主导企业的产品，追随者产品必须做到物美价廉。采用这一策略的关键在于进入市场的时间——在市场上出现新产品时立即仿造或改进原产品。具体做法：一是利用市场的规格空档，即型号、颜色、大小、长短等，迅速生产空缺规格的产品，填补市场空隙；二是利用市场价格空档，或优质高价，或低质低价，或仿造并改进原产品。

【微课链接】

什么是 STP

五、国际市场进入

国际市场进入模式包括间接出口模式、直接出口模式、合同进入模式、投资进入模式等,如表1-2所示。

表1-2 国际市场进入模式

国际市场进入模式		分类
本国生产	间接出口	本国中间商
		在本国的外国机构
	直接出口	国外经销商
		国外代理商
		本企业在国外的分支机构
		国外消费者
国外生产	合同进入	许可证贸易
		特许经营
		合同制造
	投资进入	独资
		合资

【实战演练】

请针对吉美商贸公司的现状以及市场环境,从市场细分、目标市场选择、市场定位这三个方面进行STP战略分析。

【微课链接】

什么是管理合同　　什么是合同制造　　什么是特许经营

什么是许可证进入　　什么是渠道

任务三　营销组合策略认知

【相关知识】

一、4PS 理论

杰罗姆·麦卡锡（E. Jerome McCarthy）于 1960 年在其《基础营销》一书中第一次将企业的营销要素归结四个基本策略的组合，即著名的 4P 理论：产品（Product）、价格（Price）、渠道（Place）、促销（Promotion）。由于这四个词的英文首字母都是 P，再加上策略（Strategy），所以简称为"4PS"。

（1）产品：注重开发的功能，要求产品有独特的卖点，把产品的功能诉求放在第一位。

（2）价格：根据不同的市场定位，制定不同的价格策略，产品的定价依据是企业的品牌战略，注重品牌的含金量。

（3）渠道：企业并不直接面对消费者，而是注重经销商的培育和销售网络的建立，企业与消费者的联系是通过分销商来进行的。

（4）促销：企业注重销售行为的改变来刺激消费者，以短期的行为（如让利、买一送一、营销现场气氛等）促成消费的增长，吸引其他品牌的消费者或导致提前消费来促进销售的增长。

二、4C 理论

1990 年美国市场学家罗伯特·劳特朋（Robert F. Lauterborn）教授提出了营销策略组合的 4C 理论，即顾客（Customer）、成本（Cost）、便利（Convenience）和沟通（Communication）。该理论针对产品策略，提出应更关注消费者的需求与欲望；针对价格策略，提出应重点考虑消费者为得到某项商品或服务所愿意付出的代价；并强调促销过程应该是一个企业与消费者保持双向沟通的过程。4C 理论的思想基础是以消费者为中心，强调企业的营销活动应围绕消费者的所求、所欲、所能来进行。

例如，可口可乐随处皆可买到，房地产的售楼专车，驾校提供上门接送服务，快餐店送餐上门等，这些都是在通路设计上实现产品到达的便利性。消费者便利的目标是通过缩短消费者与产品的物理距离和心理距离，提升产品被选择的概率。网上售楼系统，作为一种新兴的销售手段，也是在应用科技发展，满足消费者购买便利性的需求。

三、4R 理论

4R 理论以关系营销为核心，重在建立消费者忠诚。它既从企业的利益出发又兼顾消费者的需求，是一个更为实际、有效的营销制胜术。该营销理论认为，随着市场的发展，企业需要从更高层次上以更有效的方式在企业与消费者之间建立起有别于传统的新型的主动性关系。4R 理论的营销四要素如下所述。

（1）关联（Relevancy）：即认为企业与消费者是一个命运共同体，建立并发展与消费者之间的长期关系是企业经营的核心理念和最重要的内容。

（2）反应（Reaction）：在相互影响的市场中，对经营者来说最现实的问题不在于如何控制、制订和实施计划，而在于如何站在消费者的角度及时地倾听和从推测性商业模式转移成为高度回应需求的商业模式。

（3）关系（Relation）：在企业与消费者的关系发生了本质性变化的市场环境中，抢占市场的关键已转变为与消费者建立长期而稳固的关系。

（4）回报（Reward）：任何交易与合作关系的巩固和发展，都是经济利益问题。因此，一定的合理回报既是正确处理营销活动中各种矛盾的出发点，也是营销的落脚点。

四、4I 理论

4I 理论是由清华、北大总裁班授课专家刘东明提出的关于社会化媒体营销的理论，包含"趣味、利益、互动和个性化"这四个要素。4I 理论不仅是电商社会化媒体营销的实施理论基础，更是电商营销的突围方向，帮助企业强化营销深度。

（1）趣味（Interesting）：目前互联网产品立足点多数集中在"娱乐"二字，以充满趣味的文字、图片和视频展现内容。碎片化时代下的社会化媒体更是如此，枯燥、官方的话题已经逐渐被网民所摒弃，缺乏趣味性的话题，网友将敬而远之，没有转发分享的传播内容将不再有营销价值。

（2）利益（Interests）：指的是给企业社会化媒体粉丝关注和分享的理由，也是刺激信息交互的催化剂。无论是话题还是活动，都需要能够深入网友内心。企业通常会策划活动或以话题投票的方式给粉丝带去利益，主要包括物质和精神两方面，即能满足其内心需求的事物，比如天猫、新浪微博会定期发送商家的促销信息和优惠活动。

（3）互动（Interaction）：与令人反感的传统广告相比，互动是社会化媒体营销的最大特性。企业可以通过平台与目标用户直接对话，及时回复反馈的问题，且能够感知用户对企业的评价和好感度，这是传统报纸杂志无法媲美的。互动是企业进入用户内心世界的桥梁，也是赢得用户的必经之路。

（4）个性化（Individuality）：作为自营媒体，社会化媒体与传统的平面媒体最大的区别在于它具有生命力，是一个鲜活的个体，拥有自己的性格和态度。企业需要将自身的特点和文化，通过使用个性化的言语和搭载有趣的图片表现出来。让自己的媒体鹤立群雄，摆脱惯用的模式，采用左脑思想，反其道而行之。

【实战演练】

请结合吉美公司现状以及营销大环境，采用适当的营销组合元素对公司营销的重点进行分析。

【微课链接】

什么是4PS　　什么是4C　　什么是4I　　什么是4R

项目二

市场调研与分析

项目背景

吉美商贸公司多年从事传统外贸,但是最近几年随着国家"一带一路"倡议的推广,以及跨境电商的兴起,吉美亟须调整国际市场营销策略。根据工作安排,小王和其他几位业务员共同开展网络营销平台、行业发展情况、竞争者情况、目标消费者情况的调研与分析,为下一步营销推广活动做好准备。

学习目标

1. 了解国际市场调研的步骤与内容;
2. 掌握常用的市场调研与分析方法;
3. 能利用大数据对目标市场进行有效分析。

知识导图

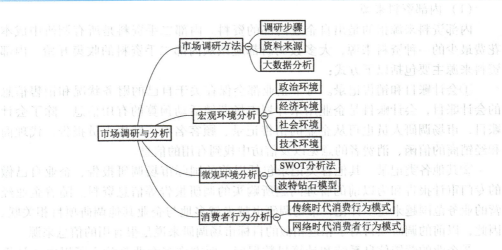

任务一　市场调研方法认知

【相关知识】

一、国际市场调研的步骤

国际市场调研与国内市场调研的基本区别在于国际市场调研的范围更广泛、更困难、更复杂，因为国际决策比国内决策更需要充分、准确、及时的信息，如果不能达到这个要求，就有可能导致决策失误。

根据国际市场调研的实践，调研活动应按一定的步骤、程序，循序渐进，认真进行，方能保证调查质量。国际市场调研一般分为三个步骤：准备阶段、实施阶段和分析结果阶段。

二、国际市场调研资料收集

（一）二手资料调研

1. 二手资料调研的概念

二手资料调研是指查询并研究与调研项目相关的经他人收集、整理或者已经发表过的资料的过程。通过收集二手资料，为初始调研提供相关的历史背景信息，并在时间维度上对一个行业进行趋势分析，同时便于市场调研人员把注意力集中到那些应该着重调查的特定的因素上，以便快捷有效地获取重要的信息。

2. 二手资料的来源

二手资料的来源主要可以分成两大类：内部资料来源和外部资料来源。

（1）内部资料来源

内部资料来源指的是出自企业内部的资料。内部二手资料是所有调研中成本花费最少的一种资料来源，大多数调研都应该从内部二手资料的收集开始。内部资料来源主要包括以下方式：

①会计账目和销售记录。每个企业都会保存关于自己的财务状况和销售信息的会计账目，会计账目是企业用来计划市场营销活动预算的有用信息。除了会计账目，市场调研人员也可从企业的销售记录、顾客名单、销售人员报告、代理商和经销商的信函、消费者的意见以及信访中找到有用的信息。

②其他各类记录。其他各类记录包括以前的国际市场调研报告、企业自己做的专门审计报告和为以前的管理问题所购买的调研报告等信息资料。随着企业经营的业务范围越来越多样化，市场调研也越来越多地与企业其他调研项目相关联。因此，以前的调研项目对于相近相似的目标市场调研来说是很有用的信息来源。

③企业的营销信息系统和计算机数据库。西方许多企业都建立了以电子计算

机为基础的营销信息系统，其中储存了大量有关市场营销的数据资料。这种信息系统的服务对象之一就是市场调研人员，是重要的二手资料来源。

（2）外部资料来源

外部资料来源指的是本企业以外的市场信息资料，包括出口国和进口国两方面的市场信息资料。一般而言，主要指政府机构、国际组织、行业协会、专门调研机构、大众传媒、商会、银行，官方、民间信息机构和网络等多种外部信息来源。

【案例透视】购买二手资料

> 许多公司开展国际市场调研选择从外部供应商处购买二手资料。比如：AC尼尔森公司出售来自全球27个国家超过26万户家庭消费者的购买资料，包括试用和重购、品牌忠诚度以及购买者人口统计特征等；Experian Consumer Research（Simmons）出售关于450种产品的8 000多个品牌的信息，包括详细的消费者的特征、消费者购买的产品和偏爱的品牌、生活方式、生活态度和媒体偏爱等；Yankelovich提供的MONITOR服务出售关于社会和生活方式重要趋势的信息。这些公司和其他数量众多的提供优质资料的公司一起，满足了各种市场调研信息的需要。

三、大数据视角下的国际市场调研

大数据是跨境电商新外贸的驱动力，过去的外贸电商模式，大都仅注重对信息的展示，缺乏对数据的收集、研究分析、利用。很多跨境电商企业，并没有因为互联网发展浪潮的高涨而获得更多的红利，反而是随着竞争的加剧，深陷互联网红海。

在大数据时代，大数据为决策提供重要的依据。以大数据、云计算等技术为基础的跨境电子商务，不断冲击传统外贸电商。在大数据的背景下，跨境电商展现出其更透明的一面，不仅仅是更加直观透明地向买家展示跨境电商企业本身的各种信息，海外市场的各类信息也能更直接、透明地为国内卖家所获取，这对跨境电商而言，是新机遇，也是新挑战。

在大数据时代，很多卖家开始利用数据分析以协助自己做出正确的市场决策，比如Google Trends、Terapeak。另外社交媒体页也是一个重要的信息来源渠道。以下是六种主要的社交媒体数据分析工具：Social Report、Social Mention、Simply Measured、Cyfe、Sprout social、SumAll等。

【实战演练】

请通过登录http：//www.alibab.com、http：//www.winsog.com、http：//google.com/trends、http：//www.keywordspy.com等网站了解全球各地区热门搜索的内容及热销产品，找出蓝海市场，并以此为基础为吉美商贸公司提供选品策略。

【微课链接】

国际营销信息管理

任务二　宏观环境分析

【相关知识】

宏观环境是指环境中间接影响企业营销活动的不可控的较大的社会力量。从事跨境贸易的企业需了解自身所处环境及趋势以避开和消除环境威胁，抓住和利用环境机会。PEST是一种企业所处宏观环境的分析模型，P是政治（Politics），E是经济（Economy），S是社会（Society），T是技术（Technology）。这些企业的外部环境，一般不受企业掌控，这些因素也被戏称为"pest（有害物）"，详见图2-1。

P——政策/法律	E——经济环境	S——社会环境	T——技术环境
◆ 政府稳定性	◆ 经济周期	◆ 人口结构比例	◆ 重大技术突破
◆ 劳动法	◆ GNP趋势	◆ 人口出生、死亡率	◆ 技术壁垒
◆ 贸易法	◆ 利率/汇率	◆ 生活方式	◆ 新技术的发明进展
◆ 税收政策	◆ 货币供给	◆ 教育水平	◆ 技术传播的速度
◆ 经济刺激方案	◆ 通货膨胀	◆ 消费方式/水平	◆ 代替技术出现
◆ 行业性法规等	◆ 失业率	◆ 区域特性	
	◆ 可支配收入		
	◆ 经济环境		
	◆ 成本		

图2-1　PEST分析法

【微课链接】

什么是PEST

一、政治环境

政治环境分析包括政府与政党体制、国内政局与国际关系、政治风险等，这些因素都会影响国际市场营销活动。

【案例透视1】叙利亚石油禁运后的影响

2011年9月2日，在叙利亚持续了8个月的动荡局势后，欧盟委员会针对叙利亚的石油禁运制裁协议生效，之后叙利亚的石油生产遭受了重大的打击。欧盟对叙利亚的石油禁运，包括禁止进口叙利亚原油及石油产品，以及对叙利亚石油出口的相关融资和保险进行制裁。欧盟希望通过制裁限制叙利亚当局的资金来源。欧盟统计显示，若按2010年数据计算，禁运将影响叙利亚约45亿美元的原油出口。叙利亚2010年石油贸易盈余为5亿美元，石油收入占国家外汇收入的25%左右。由于叙利亚的石油出口主要是输往法国、意大利、荷兰等欧洲国家，制裁生效后，原本每天用于出口的15万桶份额产量全部被消减，日产量从此前的38万桶降至不足24万桶。受叙利亚全国石油压产的影响，中国石油天然气集团公司（中石油）在叙利亚的主要项目格贝贝油田从9月起，先后三次进行了不同程度的压产，此后稍有回升，但也与正常生产水平有较大的差距。随着局势的持续动荡，损失还将进一步扩大。由于在叙利亚的石油行业，包括中石油、中石化、中化及荷兰壳牌等9家外国合资公司中，中石油在作业产量和权益产量方面，均位于所有外资企业榜首，因此目前所遭受的经济损失也最大。

【案例透视2】"中国鞋"在俄罗斯遭劫

俄罗斯时间2005年3月12日晚上11点多，大批"俄罗斯莫斯科税务部门打击经济犯罪的警察"，突然来到约距莫斯科市南区14公里的萨达沃特花鸟市场，拉走了储放在萨达沃特花鸟市场的中国鞋集装箱仓库里价值8 000多万人民币的鞋子，其中6 000多万元的鞋子为温州生产，涉及22家企业。温州鞋革协会的朱秘书长称这次"3·12拉鞋事件"不是贸易纠纷，也不是贸易摩擦。至于"俄罗斯莫斯科税务警察"所说的"没有通过正规的报关手续入境、属走私物品"等理由，他解释说，中国的货物去俄罗斯报关，按照正常手续要经过半年的时间，因为鞋子的季节性很强，于是大部分的温州鞋业都选择了委托俄罗斯的清关（报关）公司来操作这道手续，这一直就是一个惯例。当然也不能排除有些鞋子是经过边贸交易到了俄罗斯内地的。

【案例透视3】 因劳资纠纷中国 Miles 关闭南非工厂

2010年8月,中国公司 Miles 因劳资纠纷关闭其在 Newcastle 的85家服装工厂。这些工厂员工数总计8 000多人,月生产服装300万件。南非服装和纺织工人联盟对该厂家展开起诉,声称工厂关门属于非法行为。事件起因是南非国内普遍要求提高工资待遇,南非国家谈判委员会要求成衣制造商将每周最低工资调高至324兰特,约合45美元,但是 Newcastle 中华总商会代表工厂称无法负担这一要求。去年双方一直在努力解决这一问题,但最后以失败告终。Newcastle 中华总商会主席 Alex Liu 说,现在收入最低的工人每周34美元,最高的每周69美元,由于要与从中国进口的商品竞争,成本不宜过高,而且上游顾客制定的价格也无法让企业按照南非国家谈判委员会所要求的最低工资经营下去。

【微课链接】

二、经济环境

经济环境分析需要考虑的因素包括经济体制、经济发展阶段与水平、市场规模等。详见表2-1和图2-2。

表2-1 不同经济发展阶段的国际营销启示

经济发展阶段	国际营销启示
传统社会	以自给自足为主,有剩余产品才用于交换,进口的需求和可能性都不大
起飞前夕	经济增长较快,急需进口大量的先进技术和机器设备以实现经济起飞;但出口能力小,主要出口资源或劳动密集型产品,外汇收入不能满足进口需要,因此,进口的可能性小

续表

经济发展阶段	国际营销启示
起飞阶段	出口能力趋向成熟阶段，国际交换扩大，主要进口资源密集型或劳动密集型产品，出口资本或技术密集型产品
向成熟发展	国际交换持续扩大，国际营销活动频繁
高度消费	国家的各种资源得到有效的配制，进口的需求和出口的能力稳定平衡地增长，耐用消费品营销占主导
追求生活质量	人们不仅仅关心产品的质量和价格，环境保护、人权等都进入关心的议程

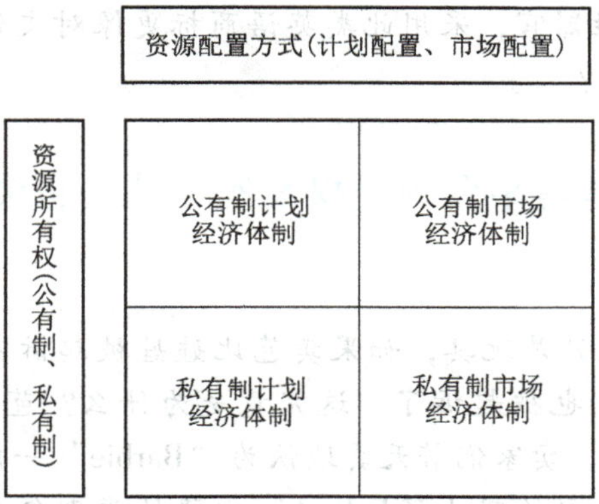

图2-2 经济体制类别

【微课链接】

什么是BRICS

什么是恩格尔系数

三、社会环境

社会环境指的是社会文化环境。社会文化是一个涵盖面非常广的概念，是复杂的总体，包括语言文字、社会结构、宗教信仰、价值观念、艺术审美、道德、法律、风俗和任何人作为一名社会成员获得的所有能力和习惯。

【案例透视 1】 商标翻译中的文化差异

目前国内商标翻译过多采用纯粹意译法，只考虑文字对等却忽略了文化内涵，从而导致一些英文商标具有不良的文化含义。比如，"蓝天牙膏"（Blue Sky），在美语中，Blue Sky 是指企业收不回来的债券，这样的译名不利于商品的推广。

在我国的出口商品中，不少商标是以动植物名称命名的。在不同的文化背景下，动植物有着不同的联想意义，由此产生的矛盾和冲突并不在少数。"白象电池（White Elephant）"，其英文商标的含义是指"给人以沉重的负担"，这样的电池显然不能吸引西方消费者。"金鸡鞋油"（Golden Cock）广受中国消费者的欢迎，但Cock 在英语中可指代性器官，采用此类英语商标更像对文化的诋毁，这样的产品怎能赢得欧美人的认同？

【案例透视 2】 跨境平台的侵权案例"芭比也会侵权？我卖的是服装啊？！"

我们都知道芭比娃娃是玩具，如果卖芭比娃娃被起诉不足为奇，但有的卖家说自己只是卖衣服的，也被起诉了。这究竟是为什么？芭比是美泰公司（Mattel Inc.）旗下的玩具品牌，卖家们若天真地认为"Barbie"一词只是在玩具类拥有商标，那就太小看美国公司的实力了！Barbie 申请的类别包含了 03（化妆品），09（电子3C），14（首饰），18（箱包），25（服装），28（玩具）等类目。无论是玩具，还是衣服鞋帽，到珠宝饰品，如果使用"Barbie"作为关键词推广，都会有侵权风险！如图 2-3 所示，就算 Listing 中没有"Barbie"一词，但衣服上印着"Barbie"的商标，也是侵权。

图 2-3　速卖通爆款字母 Barbie 印花女士 T 恤与 Barbie 字母 T 恤纯棉男女同款上衣

【微课链接】

什么是IPR　　　　什么是劳工问题　　　　中东市场

四、技术环境

科学技术水平是决定一国经济水平的最重要的因素。科学技术在总体上呈现高速发展态势的同时，在不同国家和地区的发展水平又是极不平衡的，这也正是需要引起从事跨境贸易的企业特别留意的方面。东道国的科技水平的现状和趋势，是值得国际市场调研者仔细研究的。

【实战演练】

请对吉美商贸公司的新市场，包括俄罗斯市场、中东市场、南美市场、非洲市场等开展 PEST 分析，并进行汇报。

任务三　微观环境分析

【相关知识】

一、微观环境因素

微观环境是指环境中直接影响企业营销活动的各种行动者，主要包括供应商、竞争者、营销中介、顾客及公众，如图 2-4 所示。

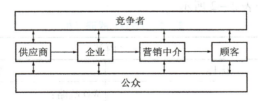

图 2-4　企业微观环境因素

二、环境分析方法——SWOT 矩阵

环境分析即分析企业宏观环境和微观环境中的环境威胁和市场机会。环境威胁指环境中不利于企业发展的现实或潜在的特质和变化；市场机会指能为企业带

来盈利可能的环境变化的特征和趋势。企业面对环境机会的对策即在环境中发现和创造商机；面对环境威胁的对策则包括减轻策略、转移策略和反抗策略。常用的环境分析工具包括 SWOT 分析、环境威胁矩阵图、市场机会矩阵图等。这里重点介绍 SWOT 分析法。

SWOT 分析方法是一种企业战略分析方法。S 即 strength，代表优势；W 即 weakness，代表劣势；O 即 opportunity，代表机会；T 即 threat，代表威胁。其中优势、劣势为内部因素，机会、威胁则为外部因素。SWOT 分析包括如下三个步骤。

(一) 分析环境因素

运用各种调查研究方法，分析出企业所处的各种环境因素，即内部能力因素和外部环境因素。

(二) 构造 SWOT 矩阵

将调研得出的各种因素根据轻重缓急或影响程度等排序，构造 SWOT 矩阵。SWOT 分析可形成如下四种不同类型的战略：

(1) SO（优势—机会）战略：发展企业内部优势与利用外部机会的战略，是一种理想的战略模式。当企业具有特定方面的优势，而外部环境又为发挥这种优势提供有利机会时，可以采取该战略。

(2) WO（劣势—机会）战略：利用外部机会来弥补内部劣势，使企业改变劣势而获取优势的战略。当存在外部机会，但由于企业存在一些内部劣势而妨碍其利用机会，可采取措施先克服内部存在的劣势。

(3) ST（优势—威胁）战略：指企业利用自身优势，回避或减轻外部威胁所造成的影响。

(4) WT（劣势—威胁）战略：一种旨在减少内部劣势，回避外部环境威胁的防御性战略。当企业存在内忧外患时，往往面临生存危机，降低成本也许成为改变劣势的主要措施。

具体战略类型如表 2-2 所示。

表 2-2 SWOT 战略类型

外部	内部	
	优势	劣势
机遇	SO 战略： 对与外部机遇匹配的内部优势有影响的战略	WO 战略： 对那些克服内部劣势的外部机遇有影响的战略
威胁	ST 战略： 对企业避开外部威胁的内部优势有影响的战略	WT 战略： 使企业内部劣势最小化并避开外部威胁的战略

（三）制订行动计划

在完成环境因素分析和 SWOT 矩阵的构造之后，便可以制订相应的行动计划了。基本思路是：发挥优势因素，克服劣势因素，利用机会因素，化解威胁因素；考虑过去，立足当前，着眼未来。运用系统分析的方法，将排列与考虑的各种因素相互联系并加以组合，得出一系列企业未来发展的可选择对策。

三、竞争者分析——钻石模型

外贸企业在进行竞争者分析过程中，不能仅将眼光局限于现有竞争者，而应对企业整体竞争状况进行综合分析。

波特五力模型（Five Forces）是迈克尔·波特（Michael Porter）于 20 世纪 80 年代初在他的一本经典巨著《竞争战略》中首次提出的，又叫钻石模型，应用于竞争战略分析，可以有效地分析企业的竞争环境。钻石模型中所指的五种竞争力量分别是：供应商讨价还价的能力、购买者讨价还价的能力、现有竞争、潜在竞争者的威胁、替代品的威胁，如图 2-5 所示。

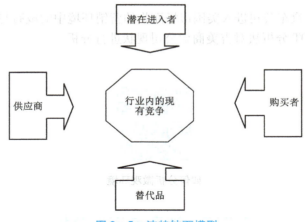

图 2-5 波特钻石模型

【实战演练】

日本丰田进入美国市场的环境分析

日本丰田汽车公司刚进入美国市场时，首次推向美国市场的车型"丰田宝贝"仅售出 228 辆，出师不利，增加了丰田汽车以后进入美国市场的难度。丰田汽车公司面临的营销环境变化及其动向如下所述：

（1）美国几家汽车公司名声显赫，实力雄厚，在技术、资金方面具有别人无法比拟的优势。

（2）美国汽车公司的经营思想是：汽车应该是豪华的，因而其汽车体积大、耗油多。

（3）竞争对手除了美国几家大型汽车公司，较大的还有已经先期进入美国市场的日本本田汽车公司，该公司已在东海岸和中部地区站稳了脚跟。该公司成功的原因主要有：以小型汽车为主，汽车性能好、定价低；有一个良好的服务系统，维修服务很方便，成功地打消了美国消费者对外国车"买得起，用不起，坏了找不到零配件"的顾虑。

（4）丰田汽车公司忽视了美国人的一些喜好，许多地方还是按照日本人的习惯设计的。

（5）日美之间不断加剧的贸易摩擦使美国消费者对日本产品有一种本能的不信任和敌意。

（6）美国人的消费观念正在转变。他们将汽车作为地位、身份象征的传统观念逐渐减弱，开始转向实用化。他们喜欢腿部空间大、容易行驶且平稳的美国车，但又希望大幅减少用于汽车的耗费，如价格低、耗油少、耐用、维修方便等。

（7）消费者已意识到交通拥挤状况的日益严重和环境污染问题，乘坐公共汽车的人和骑自行车的人逐渐增多。

（8）在美国，核心家庭大量出现，家庭规模正在变小。

分组讨论：

1. 分析丰田汽车公司进入美国市场面临的营销环境中的威胁与机会。
2. 利用 SWOT 分析法对吉美商贸公司现状进行分析。

【微课链接】

如何分析微观环境

任务四　消费者行为分析

【相关知识】

一、国际消费者市场的购买对象

消费者进入市场，其购买对象是多种多样的，但如果以一定的标准进行分类，消费者的购买对象则可以分为不同的类型。

（一）按消费者的购买习惯分类

1. 便利品

便利品又称日用品，是指消费者日常生活所需、需重复购买的商品，诸如粮食、饮料、肥皂、洗衣粉等。消费者在购买这类商品时，一般不愿花很多的时间比较价格和质量，愿意接受其他任何相似的替代品。

2. 选购品

选购品指价格比便利品要贵，消费者在购买时愿意花费较多时间对许多家商品进行比较之后才决定购买的商品，如服装、小型家电等。消费者在购买前，对这类商品了解不多，因而在决定购买前总是要对同一类型的产品从价格、款式、质量、功能等方面进行比较。

3. 特殊品

特殊品指消费者对其有特殊偏好并愿意花较多时间去购买的商品，如大宗家电、电子产品、化妆品、汽车等。消费者在购买前对这些商品有了一定的认识，偏爱特定的品牌，不愿接受替代品。

（二）按商品的耐用程度和使用频率分类

1. 耐用品

耐用品指能多次使用、寿命较长的商品，如电视机、电冰箱、音响、电脑等。消费者购买这类商品时，决策较为慎重。

2. 非耐用品

非耐用品指使用次数较少、消费者需经常购买的商品，如食品、文化娱乐品等。

二、传统时代消费者行为模式

所谓消费者行为，是指消费者为满足自身生活消费需要，在一定的购买动机驱使下，所进行的购买消费品或消费服务的活动过程。消费者行为是消费者心理活动的外在表现，是消费活动中具有决定意义的重要环节。所谓"消费者行为研究"是指研究个人、集团和组织究竟是怎样选择、购买、使用和处置商品、服务、创意或经验的，以满足他们的需求和欲望。关于消费者行为模式研究，有以下的认识框架，如表2-3所示。

表2-3 消费者行为模式研究

问题	研究对象
由谁构成（Who）	购买者（Occupants）
购买什么（What）	购买对象（Objects）
为何购买（Why）	购买目的（Objectives）
谁参与购买（Who）	购买组织（Organizations）
怎样购买（How）	购买方式（Operations）
何时购买（When）	购买时间（Occasions）
何地购买（Where）	购买地点（Outlets）

爱德玛（AIDMA）法则是由美国广告人 E. S. 刘易斯提出的具有代表性的消费心理模式，它总结了消费者在购买商品前的心理过程。消费者先是注意商品及其广告，对那种商品感兴趣，并产生出一种需求，最后是记忆及采取行动。英语为"Attention（注意）—Interest（兴趣）—Desire（消费欲望）—Memory（记忆）—Action（行动）"，简称为 AIDMA。类似的用法还有去掉记忆一词的 AIDA，增加了相信（Conviction）一词，简称为 AIDCA。AIDMA 法则也可作为广告文案写作的方式。

三、网络时代消费者行为模式

在互联网与移动互联网应用得到爆发性普及的今天，消费者的行为模式发生了翻天覆地的变化。与此同时，电视、报纸、广播等传统媒介的影响力正在渐渐削弱，不断被网络所超越。如果说第一代互联网如同电视、报纸一样承担了信息发布的角色，那么，网络搜索引擎则提供了与传统媒介完全不同的、主动、精准获得信息的可能性。随后，WEB2.0 带来了有别于传统媒介的全新传播理念：以消费者为主体的传播，消费者不仅可以通过网络主动获取信息，还可以作为信息发布的主体发布信息，与更多的消费者分享信息。

在互联网与移动互联网的影响下，伴随着消费者生活形态的变化，电通公司提出了 AISAS 消费者行为分析模型，如图 2-6 所示。

AISAS 模型中，A 表示 Attention，在营销中首先要做到引起消费者的注意；I 表示 Interest，在营销中，营销内容要能够引起消费者的兴趣；S 表示 Search，当产品引起消费者的注意并使得消费者产生兴趣后，要能够让消费者产生搜索行为；A 表示 Action，消费者的搜索行为产生之后，要能够促进消费者产生购买行动；S 表示 Share，在消费者的购买行为发生之后，要能够让消费者愿意分享购物经验及使用心得。

其中 Search、Share 体现了网络特质，搜索和分享行为是消费者主动进行的，而不像过去一样一味地由企业单向向消费者进行理念、信息灌输，这充分体现了互联网对于消费者生活、消费行为的影响。

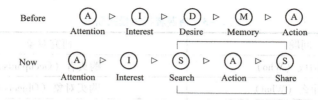

图 2-6　消费者行为模式的变化——从 AIDMA 到 AISAS

【案例透视 1】嘉宝婴儿辅食在巴西市场

1927 年创立于美国的嘉宝（Gerber）是拥有 90 多年历史的美国领先的婴幼儿食品品牌。在婴幼儿食品领域，嘉宝已经积累了 90 多年的专业经验，拥有全球知名的婴幼儿营养研究中心，产品销往世界60多个国家，成为80%美国妈妈的共同选择。但是，大部分的巴西妈妈认为，只有她们才能给孩子们准备合适的食物，因此她们不愿购买加工处理过的婴幼儿食品。巴西妈妈的这种行为模式给嘉宝婴幼儿食品在巴西的销售带来了很大的困难，尽管这些产品在其他拉美国家销售情况非常好。

你能给嘉宝公司出出主意吗？

【案例透视2】 家庭结构对购买行为的影响

多家美国的电器或家具制造商可能会发现，和在美国的营销策略相比，如果他们在制定委内瑞拉的营销策略的时候更大程度上把丈夫这个角色纳入营销的范围，那么这将是一个明智的决定。

请思考其中的原因是什么。

【案例透视3】 用数据说话

美国肯德基炸鸡店在决定进入中国市场之前，曾先后派两位执行董事到北京考察市场。第一位考察者下了飞机，来到北京街头，他看到川流不息的人流，就回去报告说中国市场大有潜力，但很快他就被总公司以不称职为由降职调动了工作。接着公司又派出了第二位考察者。这位考察者用几天的时间在北京几个不同的街道上用秒表测出行人流量，然后又向500位不同年龄、不同职业的人询问他们对炸鸡味道、价格以及对炸鸡店堂设计等方面的意见。不仅如此，他还同时对北京的鸡源、油、面、盐、菜及鸡饲料进行了调查，并将样品、数据等带回美国逐一做了化学分析，经电脑汇总，打出报告表，从而得出肯德基打入北京市场有巨大竞争力的结论。果然，北京肯德基炸鸡店开张不到300天，盈利就高达250万元。原计划5年收回的成本，不到两年就收回了。

【实战演练】

请从经济发展、文化特色、热销品类、物流与支付现状、重要节日等方面对吉美商贸公司速卖通店铺排名前五的市场进行比较分析。

【微课链接】

跨境电商市场现状

项目三

渠道选择、选品与价格

项目背景

对于新员工小王来说，熟悉公司产品与渠道是基础，因此，小王开始积极地了解公司产品与销售渠道，并对产品报价进行分析。此外，经理还要求他对公司新开的速卖通店铺进行选品与定价分析，为将来开拓新平台做准备。

学习目标

1. 了解主流跨境电商平台；
2. 了解跨境独立站搭建；
3. 掌握常用的选品方法与策略；
4. 掌握常用的定价方法与策略。

知识导图

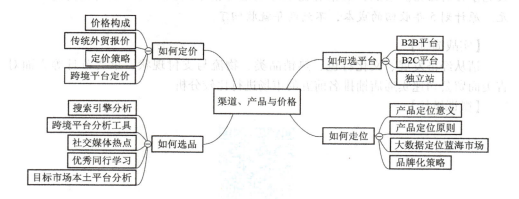

任务一　平台选择

【相关知识】

在国际市场上，绝大多数制造商都是通过各种不同的营销中介机构将产品出售给工业用户或最终消费者的，服务产品也是如此，如图3-1所示。但是在互联网+外贸大环境下，随着跨境电子商务的崛起，各类跨境电商平台成为转型之选。

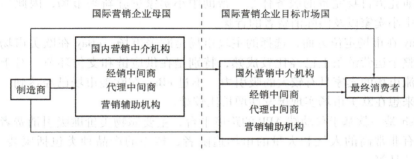

图3-1　国际分销结构

一、主流 B2B 平台

阿里巴巴国际站帮助中小企业拓展国际贸易并提供出口营销推广服务，向海外买家展示、推广供应商的企业和产品，进而获得贸易商机和订单，帮助企业降低成本，高效率地开拓外贸市场，是出口企业拓展国际贸易的首选网络平台。阿里巴巴国际站主攻亚太市场，轻工业产品具有优势，但英文站采购商良莠不齐，大多是海外华裔和东南亚采购商，如表3-1所示。此外，敦煌网、中国制造网、环球资源网等也是常用的 B2B 平台。

表3-1　阿里巴巴国际站的优势和劣势

优势	劣势
1. 访问量最大的 B2B 网站； 2. 推广力度较强； 3. 功能较完善； 4. 轻工产品有优势； 5. 亚太地区有优势	1. 中国会员众多，恶性竞争激烈； 2. 中国占据60%以上搜索量，国外买家访问量相对较小，80%以上访问量来自中文站，英文站访问量相对较小； 3. 排名没有保障； 4. 买家询盘是群发的； 5. 英文站价格较高，实际效用与宣传有一定差距； 6. 英文站采购商良莠不齐，大多是海外华裔和东南亚、中东的采购商

二、主流 B2C 平台

亚马逊在市场定位方面，选择的主攻市场是欧美日市场，欧美日市场的消费水平在国际市场上属于最高水准。亚马逊主要面向拥有自主品牌的卖家，正因为如此，亚马逊对商品的质量要求较高，坚决打击假冒伪劣产品，这与其定位相匹配。

速卖通在市场定位方面，选择的主攻市场是新兴市场，比如俄罗斯、印度、巴西等地。新兴市场在基础设施方面尚不完善，中小卖家想独立进入还比较困难，而速卖通凭借自身完备的服务体系，帮助中小卖家进驻新兴市场，因此赢得了国内众多中小卖家以及国际消费者的青睐。

eBay 在市场定位方面，选择的主攻市场是欧美市场。eBay 在欧美市场资历较深，在整个运营链条上已经比较成熟，特别是在供应链和支付环节，对于想主攻欧美主流市场的卖家具有较大的吸引力。不过 eBay 在欧美市场已经达到一定的规模，未来想在欧美市场实现爆发性增长比较难。

Wish 是一款基于移动端 APP 的跨境平台，主要靠物美价廉吸引消费者，在美国市场有非常高的人气和大量的市场追随者，核心的产品种类包括服装、珠宝、手机、礼品等。

此外还有许多针对本土市场的国外平台，比如俄罗斯的 JOOM、UMKA，东南亚市场的 Lazada 和 Shopee 等。

三、独立站

面对流量瓶颈和平台成本的居高不下，不少跨境电商卖家转型做独立站，以下是一些独立站服务商。

（一）Wix

Wix 最初是一个网站构建器，允许通过拖放来创建网站。自建站平台容易使用且设置也非常快，无须编码知识，可以使用用户友好的编辑器将内容拖放到网站的任何位置；它拥有 500 多个专门为在线商店制作的模板（如图 3-2 所示），甚至可以提供立即使用的库存图像；官方应用程序市场上有数百个应用程序可以进一步改善网站。此外，该服务是完全托管的，因此无须担心服务这部分。需要注意的是，Wix 不是一个纯粹的自建站平台，它首先是一个能够销售东西的网站建设平台，因此，电子商务功能可能需要用户有点代码基础。另外，发布网站后无法更改网站模板，这是一个很大的缺点。

Wix 提供不同的套餐，它的付费计划是每月 13 至 39 美元，用户至少需要选择基础计划才能获得在线商店功能，如图 3-3 所示。

（二）SITEBUILDER

SITEBUILDER 最适合初学者。与 Wix 类似，很容易使用，它的拖放界面直观、

图3-2 Wix 模板

图3-3 Wix 收费计划

简单、全面。SITEBUILDER 拥有入门所需的一切——域名、托管、分析工具、SEO 和充足的电子商务工具。它具有无限的带宽和存储空间。它很便宜，9.22 美元/月的入门价。它的售后支持非常友好。SITEBUILDER 虽然带有数百个模板，但是只有大约100个适用于电子商务领域。与 Wix 类似，它的电子商务选项可能仅限于高级用户。它几乎没有任何先进的营销工具、付款选项和后勤附件。图3-4为网站首页,图3-5为使用步骤,图3-6为特色服务。

图3-4 SITEBUILDER 网站首页

图3-5 SITEBUILDER 的使用步骤

图3-6 SITEBUILDER 的特色服务

SITEBUILDER 有3个主要收费计划,均为1年50%的试用折扣。对于在线商店,用户必须遵守电子商务计划。如图3-7所示。

(三)BigCommerce

BigCommerce 最适合小型企业,提供托管电子商务解决方案,既可作为完整的 SaaS 平台,也可作为其他类型网站的购物车,如图3-8所示。BigCommerce 具有出色的商店管理功能,提供了大量的工具和功能,例如促销、无限制的产品变体、处理

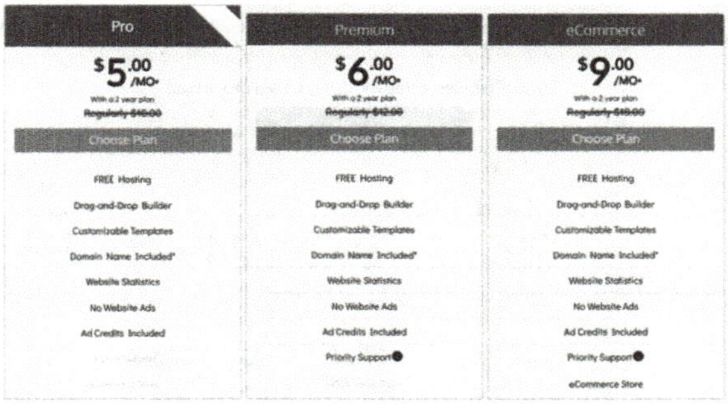

图 3-7 SITEBUILDER 收费情况

退货的选项、优惠券和折扣；还有一个亮点是灵活的运输选项，允许实时报价和费率计算。

图 3-8 Bigcommerce 网站首页

此外，BigCommerce 还与亚马逊、eBay 和社交网络集成，用户可以在许多不同的销售渠道中销售。它还有许多营销工具。BigCommerce 还有一个大型应用商店，可扩展满足各种需求，如电子邮件营销、自动化和产品推广。用户还可以获得超过 40 种付款处理选项，无须交易费用。

但是 BigCommerce 在模板产品方面落后，用户只能获得七个免费模板。高级主题也可能有点贵。

BigCommerce 的计划成本在 29.95 美元到 249.95 美元之间，如图 3-9 所示。通过支付年费，可以节省一些资金用于价格更高的计划。

（四）Shopify

Shopify 是精品店的最佳选择，已成为电子商务领域最知名的品牌之一，如图 3-10 所示。它是一个功能齐全的托管解决方案，拥有数十万用户，非常易用，设置快捷。只须注册电子邮件地址，即可开始建立商店并立即出售。直观的界面还可以轻松创建产品，并包括标题标签和元描述等搜索引擎优化（SEO）功能。Shopify 提供数十种免费的移动优化主题，购买时可获得更多信息，无须编码即可自定义它

图 3 – 9　Bigcommerce 收费情况

们，只须使用鼠标进行更改即可。此外，平台还通过电话、电子邮件、实时聊天和 Twitter 提供一流的支持，每周 7 天，每天 24 小时提供服务。除了详细的文档和在线论坛，也可以从其他用户那里获得帮助。

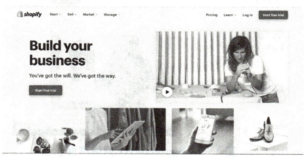

图 3 – 10　shopify 网站首页

Shopify 还支持许多第三方支付网关，并拥有一个大型应用程序市场，提供超过一千个优惠，只须点击几下即可为网站添加功能。Shopify 提供额外的销售渠道，为客户提供在实体店销售的软件和硬件、社交销售以及与亚马逊等市场的整合。

Shopify 最大的缺点是成本过高。除了基本费用，还需要支付许多插件、主题和功能的费用。有些是一次性付款，有些是每月付款，有些是一年付款。此外，如果不使用内置支付系统，则需要支付交易费用。

Shopify 提供不同的定价等级和附加功能，分别为每月 29 美元、79 美元、299 美元，如图 3 – 11 所示。Shopify 提供为期 14 天的试用期，决定之前可以使用，无须捆绑信用卡。

此外，还有 Volusion、Squarespace、Magento、OpenCart、Zen Cart 等平台。

【实战演练】

请分析吉美商贸公司的渠道现状，并通过各类跨境平台的比较，制定跨境电商平台策略。

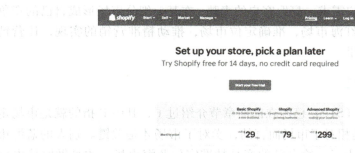

图 3−11　shopify 收费情况

【微课链接】

如何选择跨境电商平台

任务二　市场定位

【相关知识】

一、市场定位的重要性

俗话说"男怕入错行，女怕嫁错郎"，这说的是人生定位的重要性。跨境电商企业出海，面向的是全球市场，偌大的海外市场，究竟哪里才是自己产品的用武之地？

市场的定位不精准，误入红海市场，或是市场变化，蓝海市场变红海市场，却还不愿意转移阵地的企业不在少数。这也是为什么在全球跨境电商市场规模不断扩大的态势下，许多具有多年经验的外贸老人却感慨外贸越来越难做了。

其实，外贸不是难做了，而是出口企业没有为自己的产品找到一个"好做"的市场。所谓"好做"的市场，就是现在大家都想挖掘的蓝海市场。但蓝海市场是相对于产品而言的，例如，一个市场可能是儿童玩具的蓝海市场却不一定是假发产品的蓝海市场。

因而，做好市场定位，是企业在一个市场能够站稳脚跟的重要前提，更是企业在海外市场取得好成绩的关键一步。市场定位对跨境电商企业的具体价值在于：创造差异化，塑造企业在特定目标市场独特的品牌形象；适应细分市场客户的特定需求，更好地满足客户需求，赢取客户的青睐；在某一细分市场形成自己的竞争优势，避开竞争激烈的红海市场，准确定位市场，推动精准营销的实现，让营销活动达到事半功倍的效果。

二、市场定位方法

目标市场营销战略（STP）已经在前面章节介绍过了，其中 P 指的就是市场定位 Positioning。好产品是相对于市场而言的，卖对了市场才是关键。别人的蓝海市场并非你的产品的蓝海市场，给自己的产品精准定位蓝海市场，才是做跨境电商的大智慧。要精准定位蓝海市场，首先要遵循如下定位原则：

①根据产品的特性做市场定位；
②根据产品特定的使用场合和用途做定位；
③根据消费者属性与偏好做定位；
④根据消费者的利益期望做定位。

这些原则的遵循，都是建立在对市场充分了解的基础上的。相同的产品在不同的国家或细分市场有不同的需求情况，因此，必须以产品为导向，了解市场上消费者对产品的喜好、需求情况，了解市场上同行的入驻量即竞争情况，了解市场上消费者对产品的使用场合、用途、使用频率情况，了解消费者希望产品能够满足什么样的利益需求等。这些市场情报的获取主要是通过对市场大数据的挖掘研究来实现的。

三、利用大数据思维精准定位蓝海市场

很多跨境平台以及专业的数据分析平台都会对热销产品、热销国家等进行大数据分析，我们以"Winsog 赢搜"为例，用关键词"wig"（假发）搜索，针对不同区域市场情况进行分析。

1. 针对 G20 的市场分析（图 3-12）

（1）商机：按顺序列出了选定的出口国家/地区的市场购买力、现实购买意愿值。此指标综合了市场容量及竞争程度两个指标。

（2）市场容量：这是关键词完全匹配在为期 12 个月的时间内，针对选定的国家/地区估算的平均需求量。

（3）竞争程度：选定的国家/地区商家之间竞争的激烈程度。

结合市场容量与竞争程度指标，Wig 的蓝海市场可能是俄罗斯、印度、印尼等，英美法等国虽然市场容量不小，但是竞争程度激烈，商机远不如上述几国。

2. 针对中东市场的分析（图 3-13）

最具有商机的是阿曼、黎巴嫩、约旦等国，竞争程度最低。但是，政治环境等宏观因素也要综合考虑。

项目三　渠道选择、选品与价格　39

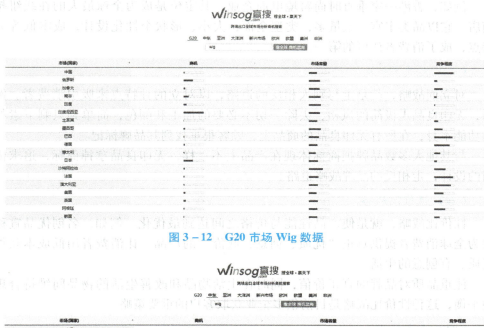

图 3-12　G20 市场 Wig 数据

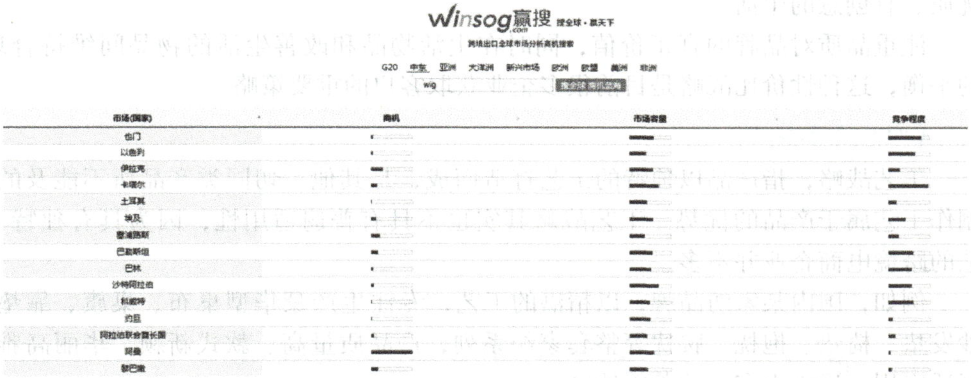

图 3-13　中东市场 Wig 数据

四、品牌化策略

企业要想走得更远，必须实行品牌化经营。品牌的优势在于长远经营，即产品一直能被消费者所知道，产品质量一直能被消费者所称道，消费者从慢慢知道这个品牌的价值与内涵，到认可与接受这个品牌。品牌不仅仅是注册商标这么简单，需要长远的规划与经营。

（一）第一战略

第一战略以成为行业第一为品牌定位，要做就做第一，要做就做最好。第一战略并不是普遍适用性的品牌战略。第一品牌战略，虽然不能保证后无来者，但必须保证前无古人。无论是第一家，还是第一大，都应该是在同行还没有被市场认可为第一，而自己有能力成为第一的前提下谨慎做出的定位。

例如，香港一家垂直时尚跨境电商企业，其定位是成为全球最大的在线纽扣商店。它以品类丰富，数量多，类型全面，大小、形状个性化设计，成本低等为特点，成了消费者认可的第一。

（二）对立面战略

对立面战略，就是走与别人相反的道路，以对立的独特点来吸引消费者。例如，无印良品走极简的风格，去除一切不必要的加工和颜色，简单到只剩下素材和功能本身，在所有无印良品的商品上，顾客很难找到其品牌标记。

与其他大多数品牌把商标体现在产品上不一样，无印良品拿掉商标，追求极简的设计，走相反的品牌战略道路。

（三）性价比战略

性价比战略，就是使产品性能与价格之间达到最优化。例如，名创优品宣称要为全球消费者提供真正"优质、创意、低价"的产品，让消费者用低成本获得优质、有创意的生活。

注重品质对品牌的真正价值，同时在生活物品和改善生活的物品间维持合理的平衡，这种性价比战略是目前很多企业获取客户的重要策略。

（四）工艺战略

工艺战略，指产品以独特的工艺打造而成，是其他一切同类产品所不能及的，制作工艺属于产品的优势。工艺战略其实也不具有普遍适用性，因为具有独特工艺的跨境电商企业并不多。

例如，国内某家纺品牌，以精湛的工艺，专注生产豪华型桌布、桌旗、靠垫、沙发垫、椅垫、抱枕、腰枕等整套家纺系列，产品质量高、款式新颖、华丽高雅、舒适实用，远销中东、欧美等地区。

（五）品质战略

品质战略，就是以品质作为切入点，打造高品质化产品，以优良的品质赢取消费者的心，具有普遍适用性。

（六）个性化战略

个性化战略，要求企业具有很强的创新能力。例如，能够巧妙地将中西方文化元素结合起来，即符合外国人的品位，在必要的时候，又能够突出中国的特色。在保持品牌理念与价值观长期相对稳定的前提下，产品能够以个性化的姿态不断革新，推陈出新。

上面这些品牌战略各有特色，是跨境电商企业可以借鉴的品牌化战略。但无论何种战略，都要建立在对市场与消费者充分了解的基础上，通过数据驱动深入挖掘市场价值信息、消费者的内心诉求，定位出能够走进消费者内心深处的品牌。品牌战略是一个长期战略，需要企业付出时间与精力去制定与沉淀。

【实战演练】
1. 请利用速卖通数据纵横、赢搜等大数据分析方法，为吉美商贸公司寻找蓝海市场，并对产品进行定位。
2. 请为所选产品设计商标，并制定品牌宣传口号。

任务三 选品

【相关知识】

一、搜索引擎大数据分析热搜品

搜索引擎是消费者搜索产品信息的重要工具，消费者根据搜索数据，分析意向选品是否为目标市场的热搜品，或者是哪个市场的热搜品。以下是一些常用的搜索引擎分析工具：

①赢搜——htttps：//www.winsog.com。基于Google、Bing、Yandex等搜索引擎的大数据，输入意向选品关键词以及指定区域，可以分析该选品在指定市场的容量、同行的入驻情况即市场竞争程度。该工具还能根据市场容量与竞争强弱，综合分析出意向选品在指定市场的商机大小，从这些指标中分析意向选品是否为热搜品，以及是哪个市场的热搜品。赢搜海外商机大数据分析系统，很受亚马逊等平台商家的喜爱，在选品方面屡立奇功。

②Google Trends——http：//www.google.com/trends。通过输入意向选品关键词，切换不同市场进行分析，可以看到不同地域对该选品的搜索曲线，也就是各个地区搜索量的时间变化情况。这对于跨境电商企业针对目标市场，应该在哪个时间节点选择上线什么产品具有非常重要的参考价值。在Google Trends里输入搜索词或主题，单击Enter键，就可以查看分时间、分区域的热搜变化，如图3－14所示。

图3－14 Google Trends网站页面

（3）Keyword Tool——https：//keywordtool.io/google。输入意向选品关键词，选择想要分析的市场，可以看到指定市场对该选品每个月的搜索量情况，还可以分析与指定关键词关联度较高的关键词搜索量情况，如图3-15所示。跨境电商企业可以根据分析结果制定选品策略，以及后续产品关键词优化。

图3-15 Keyword Tool 网站页面

不同的数据分析工具，其分析结果具有不同的侧重点，跨境电商企业可以充分发挥不同工具的长处，根据综合分析结果制定科学合理的选品策略。

二、研究分析第三方平台热销品

第三方平台也是跨境电商企业选品可以借助的工具，例如速卖通、亚马逊、阿里巴巴国际站等，分析这些平台的热销品以及这些热销品的关键词，然后再结合上面提到的搜索引擎分析工具，对热销品关键词的其他数据进行分析比对，判断选品的市场潜力。例如，亚马逊通过 Amazon Best Sellers 工具，分析每个行业的热销品、热搜品情况，然后再将这些产品放到搜索引擎分析工具上分析其他更多的数据信息。速卖通平台也有类似的工具，比如 Trending Styles、数据纵横里的选品专家和热搜词分析工具等。

以下以衬衫为例，看看如何应用速卖通数据纵横。如图3-16所示，打开速卖通店铺后台数据纵横工具，可以看到衬衫的热销与热搜分析；继续点击，还可以看到热销属性分析，如图3-17所示；还可以点击下载近30天的具体数据到电脑，进行深入分析，如图3-18所示。根据分析总结有用的属性词，我们可以到1688网站上寻找类似的产品供应商。

接下来，利用搜索词分析工具。搜索词分析提供给卖家的数据主要是买家搜索关键词各个维度的信息，包括搜索人气、搜索指数、点击率、成交转化率、竞争指数、热搜国家。通过买家关键词搜索的行为，可以分析出买家的产品需求以及产品的需求趋势，还可以分析飙升词与零少词，并下载详细数据，进一步了解消费者需求，如图3-19~图3-21所示。

项目三 渠道选择、选品与价格

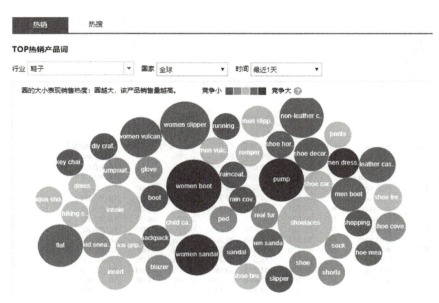

图 3-16 热销分析

TOP 热销属性

圆圈面积越大，产品销售量越大；

热销属性（点击+展开属性值，点击-收起属性值），您可以对属性进行优化。

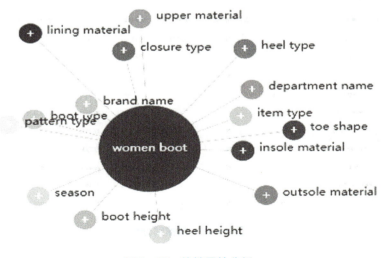

图 3-17 热销属性分析

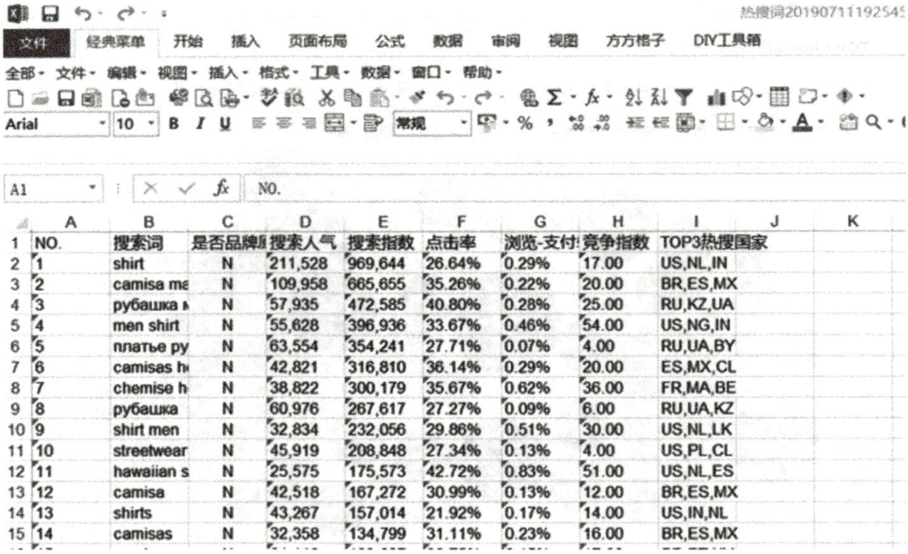

图 3－18　热搜词数据下载

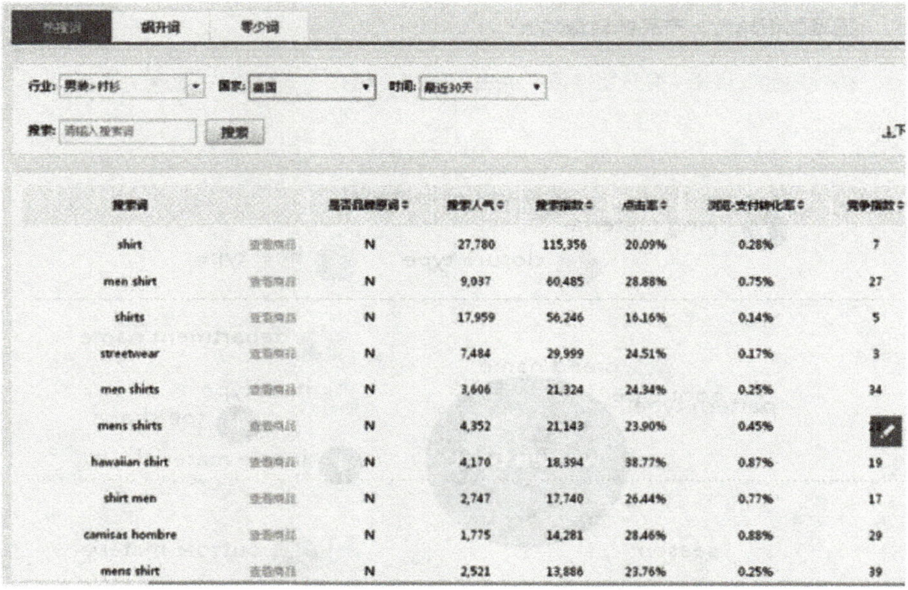

图 3－19　热搜词分析

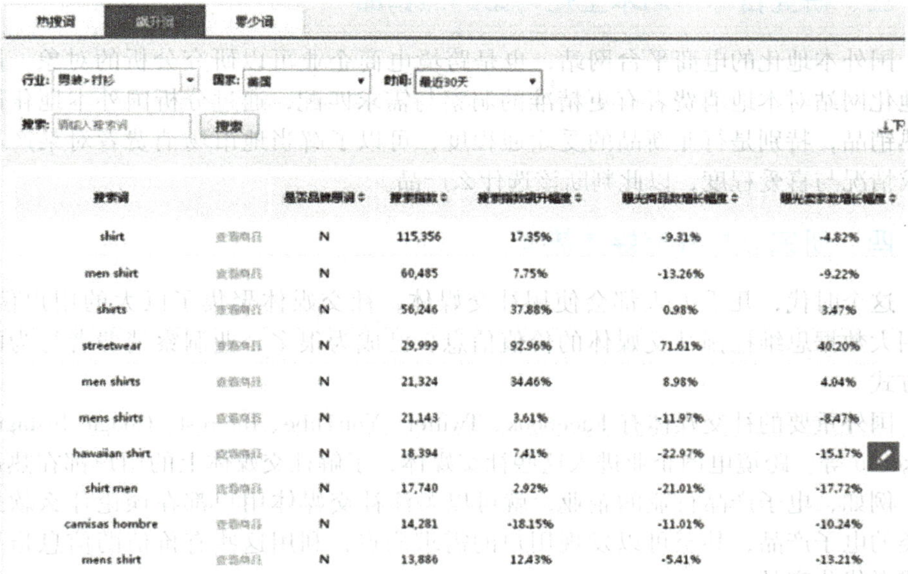

图 3-20 飙升词分析

图 3-21 零少词分析

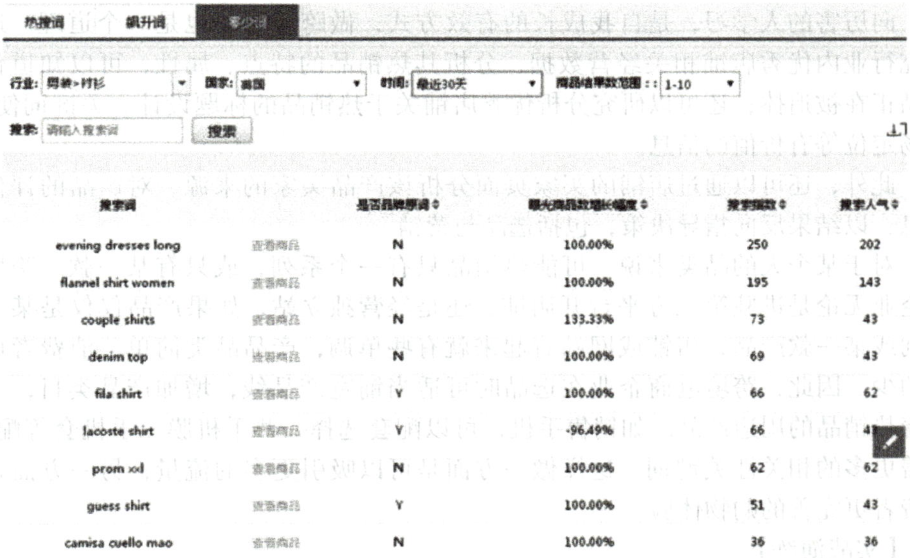

三、研究目标市场本土化网站的热销品

国外本地化的电商平台网站，也是跨境电商企业可以研究分析的对象。国外本地化网站对本地消费者有更精准的洞察与需求匹配，通过分析国外本地化网站的热销品，特别是行业新品的受欢迎程度，可以了解当地市场消费者对某产品的需求情况与喜爱程度，以此判断该选什么产品。

四、研究分析社交媒体热词

这个时代，几乎人人都会使用社交媒体，社交媒体聚集了巨大的用户信息。利用大数据思维挖掘社交媒体的价值信息，已成为很多企业洞察消费者行为的重要方式。

国外重要的社交媒体有 Facebook、Twitter、YouTube、Interest、Google Instagram、LinkedIn 等。跨境电商企业进入这些社交媒体，了解社交媒体上的用户都在热议什么。例如，电子产品行业的企业，就可以关注社交媒体用户都在谈论什么款式和品类的电子产品，甚至可以发现用户的需求痛点，利用这些有价值的信息指导选品或者优化产品。

五、研究分析行业内优秀店铺

向厉害的人学习，是自我成长的有效方式，做跨境电商也是一个道理。通过研究行业内优秀店铺相关经营数据，分析其热销品的特点、属性，可以知道什么产品正在被追捧；还可以研究分析优秀店铺关于热销品的标题设计、关键词使用、市场定位等有价值的信息。

此外，还可以通过店铺的买家页面分析该产品买家的来源、对产品的评价等信息，以结果反向指导决策，包括选品与营销。

对于某个大的品类来说，可能热销品只有一个系列，或只有某一款。跨境电商企业无论是进驻第三方平台开店铺，还是经营独立站，如果产品仅仅是某一个系列或某一款产品，店铺或网站看起来就有些单调，产品品类简单，消费者可选择的少。因此，跨境电商企业在选品时可适当铺宽产品线，增加产品类目，如围绕着热销品的周边产品。如销售手机，可以配套选择一些手机膜、手机套等配件，覆盖更多的相关性关键词。这样做一方面是可以吸引更多的流量，另一方面是给消费者更完善的购物体验。

【实战演练】

请利用 1688 网站、搜索引擎、速卖通数据纵横、社交媒体热词、优秀同行学习等方法为吉美商贸公司的速卖通店铺选品。

【微课链接】

如何选品

什么是品牌

什么是波士顿矩阵

任务四 定价

【相关知识】

一、产品的基本价格因素

产品销售价格由生产成本、销售费用及利润三个要素构成，如图3-22所示。

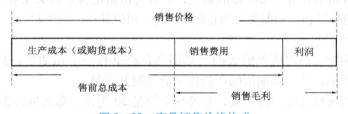

图3-22 产品销售价格构成

二、定价的基本方法

营销商在决定产品价格时可以采用以下三种定价方法。

（一）成本导向定价法

成本导向定价法是指以产品的成本为依据，分别从不同的角度制定对企业最有利的价格。

（二）需求导向定价法

需求导向定价法是指企业主要根据市场需求的大小和消费者对产品价值的认识程度分别确定产品价格的定价方法。

（三）竞争导向定价法

竞争导向定价法是指通过研究竞争对手产品的价格、生产条件、服务状况等，以竞争对手的价格为基础，确定同类产品的价格。

三、定价策略

卖家在明确自己店铺的产品定位、消费人群、产品销售意义、市场需求量和供应量、竞争对手价格后，还需要进行更多的数据分析，制定出合买家心意的价格，才能最大限度地销售产品。

（一）运用数据分析来定价

众所周知，零售巨头沃尔玛的创始人山姆·沃尔顿有一个非常有价值的价格理论：80美分进价的产品以1美元出售，销量是以1.2美元出售的3倍，虽然单件产品的利润减少，但实际总利润是增加了的。这就说明在产品销售的过程中，产品定价上的很小差别就可以对最终的销售效果有很大的影响。

要想对产品的价格进行精准定位，也需要参考同类竞争产品的价格，在速卖通中还没有像"生e经"这种能够从中获取数据进行分析的工具，但是卖家可以从速卖通首页中获取需要的数据进行分析。

（二）运用心理学来定价

产品定价离不开对买家心理的研究，只有将价格定得正合买家心意，才能让买家高高兴兴地掏腰包。根据买家的心理来定价，可以让产品的盈利能力大大提高。

1. 买家预期价格

买家在购物之前对所要购买的产品都会在心里有一个预期价，高于预期价的产品他会觉得贵，低于预期价的产品他又会怀疑其质量。

例如：买家打算买一件夹克，心理预期价是20美元，那么标价为10美元以下的基本就不会考虑了，而高于30美元的也不大可能购买。

通常情况下，买家最终购买的产品价格都会和自己之前的心理预期价相差不大。卖家可以通过一个简单可行的方法了解买家的心理预期价，就是从店铺消费记录中了解自己店铺买家的购物能力，然后判断这些买家比较喜欢什么价格的产品，一般来说，这个价位就是买家的心理预期价格。

2. 数字形状对买家的影响

纵观速卖通上的产品，可以发现商品标价中数字"9"出现的次数比较多。国内的买家可能会很喜欢"8""6"等代表"发财"和"顺利"的数字，但是对于大多数国家的人来说，"9"是一个不错的数字。

当然，不同国家和地区还会有一些其他的数字偏好，卖家可根据实际情况确定价格数字。

3. 降低买家的价格敏感度

大多数买家对价格都比较敏感，标价太高往往会吓跑一部分买家，所以对于某些本身单价就比较高的产品来说，卖家可以采取一些方法来降低买家对价格的敏感度。这种方式对于论重量、个数出售的产品比较适用。例如：对于高级茶叶这种产品来说，标价"80 美元/千克"和标价"8 美元/100 克"给买家的心里感觉是大不一样的。

4. 尾数定价更能让买家感受低价

网上有很多产品可以标价 10 美元，却要标价 9.99 美元，可以标价 15 美元的，却要标价 14.89 美元。诸如此类做法的目的就是用零头价格激起买家的购买欲望，给买家一种经过精确计算的、最低价格的感觉，有时也会给买家一种是原价打了折扣、产品便宜了的感觉。虽然实际上只是少花了很少的钱，但是这样的价格能让买家在心理上感觉实惠。

5. 减少买家的比较心理

很多买家并不知道产品的成本价，但是会对同类产品进行价格上的比较，从而判断什么价位是高价位、什么价位是低价位。为了减少买家比较产品价格而导致的订单流失，卖家可以将产品进行搭配销售，两件产品只标出组合价是多少，这样买家就不容易比较出单件产品价格的高低了，两件产品组合销售更能让买家感觉到划算。

【案例透视】从以下产品的截图（图 3-23）可以看出定价策略有：先拉高价格，再打折促销，价格利用尾数定价法。

图 3-23　速卖通产品定价截图

（三）新品定价策略

新产品定价是指产品处于介绍期的价格。新产品的定价是否合理，关系到新产品的开发与推广。在确定新产品的价格时，最重要的是要充分考虑到消费者愿意支付的价格。

1. 撇脂定价策略

撇脂定价策略又称取脂定价策略（Skimming Pricing），是指新产品上市之初，将新产品的价格定得较高，在短期内获取高额利润，尽快收回投资。以后，随着销量的扩大，成本的降低，再逐步降低价格。每次降价前，企业都已从不同层次的消费者身上取得了超额利润。所以，撇脂定价策略提供了价格先高后低，逐步推进获取高额利润的思路。它的适用条件是：新产品上市初期，在市场上奇货可居，而又有大量的消费者；需求价格弹性较小，短期内没有类似的代用品；高价刺激竞争者出现的可能性不大。

2. 渗透定价策略

渗透定价策略（Penetration Pricing）是在新产品上市之初将价格定得低于预期价格，甚至可能低于产品成本，利用价廉物美迅速占领市场，取得较高的市场占有率。实质上，它是一种薄利多销的策略。这种定价策略的适用条件是：新产品的需求价格弹性较大；生产和分销成本随产量和销量的扩大而降低；产品市场规模较大，存在着普遍的竞争。这种策略适用于长期的市场经营方针。

3. 满意定价策略

满意定价策略又称温和定价策略或君子定价策略，在新产品上市之机，把价格定在高价与低价之间，在产品成本的基础上加适当利润，采用对买卖双方都有利的温和策略。它适用于那些产销比较稳定的产品，不足的是有可能出现高不成、低不就的情况，对购买者缺少吸引力，也难于在短期内打开销路。

四、定价过程

（一）锁定热搜词

通过速卖通后台数据纵横的搜索词分析，可以分析出平台买家的热搜词有哪些。

（二）分析主流价格

利用热搜词，在速卖通首页进行搜索，分析同行出售类似产品的价格区间。

（三）店铺定价

常见的店铺定价有：定高价再打折，并选择一款做低价，作为引流款，其他款式配合做正常促销折扣；统一定价，全店铺打折，方便控制折扣；将产品分为高价打折款和低价引流款。

（四）设计店铺产品价格架构

店铺产品价格架构是指对店铺产品在不同时期或者运用不同营销方法的价格进行分类，从最基础的新款、老款、清仓款分类开始，再到流量款、利润款、活动款等的分类，其最终目的是打造店铺的爆款。说具体点就是为了寻找到国外买家喜欢的产品。如图3-24所示。

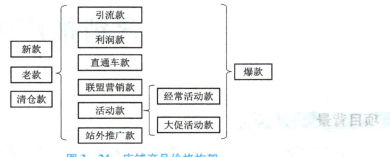

图3-24　店铺产品价格构架

【实战演练】
1. 请选择一款吉美商贸公司的热销产品，并对其核算FOB报价。
2. 请设计吉美速卖通店铺的产品价格构成。

【微课链接】

如何给跨境店铺产品定价　　什么是撇脂定价　　什么是倾销

项目四

营销推广内容策划

项目背景

小王及其团队成员接到任务,要为公司的新品进行推广策划。领导给出了三个要求:1. 亚马逊网店图片处理;2. 速卖通平台店铺轮播海报设计;3. 制作一条可以在国外社交媒体传播的推广小视频。

学习目标

1. 了解推广文案的基本制作方法;
2. 掌握跨境电商平台主图与辅图的制作方法与工具;
3. 掌握小视频拍摄与制作方法及工具;
3. 能根据需求制作结合图片与视频的推广文案。

知识导图

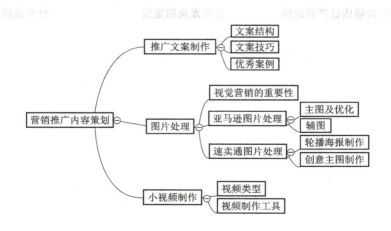

任务一　推广文案制作

【相关知识】

一、文案的概念

文案是以语辞进行广告信息内容表现的形式，有广义和狭义之分。广义的文案就是指通过广告语言、形象和其他因素，对既定的广告主题、广告创意所进行的具体表现；狭义的文案则指表现广告信息的言语与文字构成。文案由标题、副标题、正文口号组成，它是广告内容的文字化表现。在广告设计中，文案与图案、图形同等重要，图案、图形具有前期的冲击力，而广告文案具有较深的影响力。

（一）标题

标题是文案的主题，往往也是广告内容的诉求重点。它的作用在于吸引人们对广告的注目，留下印象，引起人们对广告的兴趣。只有当人们对标题产生兴趣时，才会阅读正文。标题的设计形式有情报式、问答式、祈使式、新闻式、口号式、暗示式、提醒式等。标题的撰写要语言简明扼要，易懂易记，传递清楚，新颖个性。标题文字数量一般以控制在 12 个字以内为宜。

（二）副标题

副标题是标题的补充部分，起点睛的作用，让人加深对广告的了解。

（三）正文

正文是对产品及服务的客观具体的说明，以此来增加消费者的了解与认识。正文撰写时内容要实事求是，通俗易懂。不论采用何种题材式样，都要重点突出，言简意赅。

（四）口号

口号是战略性的语言，目的是通过不断重复、反复展现，使消费者了解商品或服务的个性，它已成为推广产品不可或缺的要素。口号常用的形式包括联想式、比喻式、许诺式、推理式、赞扬式、命令式。口号的撰写要简洁明了、语言明确、独创有趣、便于记忆、易读上口。

跨境电商企业营销推广所涉及的文案，表现形式包括：各平台中店铺的名称、店招、产品描述、海报；各社交媒体中的发帖、活动；企业官网中的企业名称、品牌及产品的文字展示等。

二、文案编辑技巧

一篇文案可分为标题开场、说服内容、结尾行动三部分，每部分有不同的作用和目标，内容上可以按照卖家想要强调的方式丰富充实，结构也只是为了确保目标的达成，而不是严格固定的格式。

（一）标题开场

这里要分成两部分：一是标题，二是开场。以跨境电商企业的商品页面来说，二者精神是一样的，因此放在一起说。开场是跨境电商企业销售页最重要的一部分，在开场如果不吸引人，消费者就不会往下看了。此部分的思路可以是：依据产品功能，问一个消费者在意的问题。开场要注意的是，是否能够快速判断产品对消费者的帮助是什么，是否能够马上唤起消费者的心理场景，卖家在这场景中的定位是什么。不要预设消费者都了解你的产品及其功能是什么，要让你的产品能解决消费者的问题，或让他感觉这问题需要被解决。

举例来说，如果所售产品为平底锅，很多厂商会把材质写在开头，如大理石平底锅、陶瓷平底锅等，但产品的材质对消费者是没有意义的。要为产品的每个特色赋予场景，这项特色才有意义。如"每次煎鱼都失败吗？"或更进一步"煎鱼失败觉得很丢脸吗？""大理石平底锅不粘底、不粘边，让你每道菜完美上桌！"如产品为电暖气，不要强调产品是怎样发热的，发热方式对买家没有意义，发热温度与速度才有意义，因此文案中需要写的是："寒流再强也不怕，三分钟让你的卧室像温室！"通常在开头，以问句为开场是最简单的。问个好问题、问一个消费者在乎的问题，只要你的问题问对了，消费者就会希望这个问题得到解决。

开场要思考产品定位，产品要在什么样的场景发挥作用；思考在这个场景里消费者会遇到什么问题。有三种撰写方式可以参考：问三个消费者在意的问题，描述该场景里的使用样子，直接说明产品能提供的帮助。找到产品可以发挥作用的场景，那么产品功能才有意义。

（二）说服内容

说服就是要消除疑虑、增强信心。在开场提出问题，在这里就是要说明产品为什么可以解决问题了。此部分的思路即为准备素材，用最简单的方式呈现产品的好处。说服要注意的是：说服内容是否足够简单明了，是否有其他资料能够佐证，是否足够贴近消费者在意的点。通常说服内容是编辑跨境电商文案最令人烦恼的部分，因为这部分涉及准备功课做得如何，以及对产品的了解有多少。当足够了解产品，才能开始思考如何说服别人。

此部分要避免三件事：

①避免使用行业内的专有名词。如果产品无法避免地需要提及许多专有名词，就要解释这些专有名词代表的意义，并且利用举例方式来解说。专有名词的解释，重点是了解用处是什么，而非解说技术原理。

②避免过多空洞的形容词。人们对于形容词有各自的感受，因此尽量不要用"高级""美丽""时尚""方便"等形容词，而是把每一个形容词转换成可理解的

感受，多利用数据、动词、名词与比喻，如相比"迅速开机"，"5秒钟完成开机"更易于理解，"让女朋友想亲吻你的礼物"则比"让人感动的礼物"更能打动买家。文案撰写中，传达的感受越具体，消费者就越能够了解产品的好处。

③避免无意义的桥段。产品即使具备很多特色、专利、技术，也不该把所有内容都罗列成一个区块，可以思考这几个技术可以帮助消费者什么事情，在什么情况下这个技术会发挥作用，然后将其结合成一个区块。要是还有更多的技术细节，用条列的方式说明即可，确保每一个桥段对消费者都是有意义的。

如果是新产品上市，可以从以下方面思考文案的撰写：有钱的话请权威代言，没钱的话请老板自己出来背书；写品牌主张与理念，展现对于此产品的用心与期许；体现产品制作细节；说明产品适用的人群。

如果产品已上市好一阵子，许多人用过，则可以从以下方面思考文案的撰写：说故事，写一个人们因为产品而改变的故事，故事可以帮助解释复杂的产品成效，也可以展现产品成果，更重要的是故事本身带有说服力，人们总是喜欢听故事的，听故事的过程中，就已经开始相信产品了；放口碑、举见证，以数量取胜，如"超过300间工厂采用我们的自动化设备，产能提升30%，错误率降低20%"，口碑的重点在于给目标客户群展现已购买者因产品而获得的利益，吸引其他有相同问题的人。

(三) 结尾行动

结尾是许多人会忽略的。很多跨境电商企业文案的开头都写得很棒，但在结尾却草草结束，十分可惜。会看到结尾的人，基本上有两种：对产品有兴趣，但是还在犹豫；对内容有兴趣，但还不知道这个产品对自己的意义是什么。也就是认真看到结尾，但还差临门一脚的消费者。

结尾要注意的是：想要消费者看完做什么，即明确的行动方向；消费者现在做有什么意义，即有具体的诱因推动；消费者做了可以得到什么，即有清楚的指定未来。在结尾的部分，可以想象这是跟消费者谈话的最后阶段，不论前面聊得如何，在谈话结束前，应把要补充的事情说完，然后告诉他下一步该做什么事。因此在最后，可以做的事情有两个方向：动之以情，晓之以理。可以考虑以下三种写法：

①与消费者谈谈心。前面已经有信任基础了，所以可以动之以情，如"今天下单，年前送到，让我们陪你一起过个好年"。前面一直在说产品，一直努力跟消费者产生联结，而感情就是最好的联结，用感情的手，推那些还在犹豫的消费者最后一把。

②拿出点好处。如果卖家有好处在一开始就拿出来的话，消费者不会珍惜，而把利益放在最后才能够让这些利益发挥作用。对付正在犹豫的人，最好的方法不是解决他的犹豫，而是让他忘记犹豫的意义。于是要提出具体利益，让消费者意识到现在行动才是有意义的，犹豫只会错过机会，用利益的手，招揽消费者决

定购买产品。

③给消费者愿景，让他感受购买后的自己。人们买产品不单单只是为了产品而已，主要有两个目的，即解决遇到的问题和满足某种心理。消费者购买产品是为了他自己，因此在最后这一阶段，可以告诉消费者购买了这个产品后会变成怎样的人，给消费者心动的理由，他才有行动的意义。

关于文案的撰写还有很多方法及技巧，例如：

①九宫格思考法——拿一张白纸，用笔分割成九宫格，中间一格填上产品名称，在其他八格中填上可以帮助此产品销售的众多优点，以辅助文案撰写思路的形成。

②要点延伸法——首先将产品目录上的产品特点照抄下来，然后在每个要点后面加以延伸。

③三段式写作法——模仿新闻写作中的"倒金字塔结构"，第一段精练地浓缩全文的销售话术，因为多数人都没耐心看全文；第二段依照要点延伸法，逐一说明产品的众多特色；第三段的主要任务是要提醒买家"Buy Now"，强化产品独特的销售卖点、价格优势或赠品。

三、文案撰写举例

夜间酵素是一款来自日本的女生减肥产品，目前有两家跨境电商平台在卖这款产品。如图4-1所示，排除价格因素，作为消费者你会选择查阅哪家平台的夜间酵素产品详情介绍？

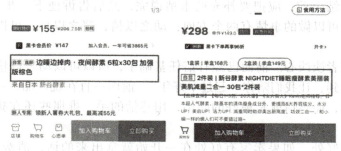

图4-1 夜间酵素文案对比

相信很多人应该会选择到左边的电商平台了解这款夜间酵素。"边睡边掉肉"这种简单轻松的减肥方式，是多少女生想要达成的效果啊，这个产品标题文案非常"粗暴"地戳中了少女心。反观,右边电商平台的产品标题文案就让人提不起兴趣了。

根据 AIDA 营销沟通模型(消费者从接触营销信息到完成购买的整个过程),如果想要提高商品的流量转化,那么需要做的第一步是"Attention"——引起用户的关注。这一步达成的关键,在于对页面上显示的 10~20 字产品标题进行优化,提炼核心卖点,用 10 个字吸引到陌生人。产品描述在 50 字以内,可以通过深挖用户笔记,看用户的分享,提炼出 3~4 个产品卖点。如图 4-2 所示。

图 4-2 提炼核心卖点

(一)运用类比法

熟悉的东西在人的脑海中已存在的认知,能唤起特定的联想。人在消费生活中,已经对某几个品牌的印象有了趋同、较为固定的认知,用类比的方式就可以简单、直接、快速地让消费者对陌生的商品建立起初步的认知。

如图 4-3 所示的一个运用类比法的文案包装案例。

左边是来自淘宝全球购的文案,全是关键词的罗列,一堆文字粘在一起,目的是让消费者在搜索"控油、保湿、日本爽肤水、化妆水"这些词汇时,能让产品碰巧出现在搜索结果页上。

右边是小红书的文案:"白菜版神仙水·嘉美艳容露"。虽然很多人并清楚这个嘉美艳容露到底是干什么的,它到底在化妆品界有多牛,但是看到"白菜版神仙水",人们可以非常快地对它的功效、特点有一个判断,并且对它产生购买

图 4-3　类比法文案

兴趣。

所谓类比，就是用一个大家不是那么熟悉的东西和大家熟知的东西作比较，简单的说就是用熟悉的东西给大家解释陌生的东西。当看到白菜价的神仙水，估计男士都会开始心动。

（二）运用场景法

一台榨汁机会有很多的卖点，比如易清洗、口径大、汁多无渣、易拆装、绿色卫生……。如果只是简单地把这些卖点进行陈列的话，消费者给出的反应大多会是"哦，真厉害，不过我不太需要"。

那这个时候该怎样说服他们呢？

找到产品的使用场景，像用户一样去体验产品，这样就可以知道用户在什么场景下会使用自己的产品了，并且知道使用产品后会有怎样的效果反馈。

如图 4-4 所示，在撰写榨汁机文案时，可以展示早上起床榨胡萝卜汁来养颜的场景，或者晚上下班回家榨西瓜汁来解渴的场景，或者周末给孩子榨开胃的柠檬汁的场景，这样的话消费者就会给出不一样的反应了。"嗯，来一台！"

同样地，消费者在网购时无法实际体验产品，需要用文字来帮助消费者构建一个虚拟的使用场景，引起消费者的场景联想，从而触发他们的购买欲望。

如图 4-5 所示的小红书在网上售卖的蒸汽肩颈腰腹贴，花王的文案是把场景锁定在"睡前"，让消费者去感受这个产品在睡前的使用体验，将消费者不自觉地带入那个自己熟悉的情景，好像还没有用，就已经有了肩颈、腰部放松的感觉。

如图 4-6 所示，"每天从香味中醒来"，这个产品的文案把场景设定在卧室，让大家脑补出还在被"起床气"困扰的时候，如果能在香味中醒来，那是多美妙的感觉。

—A9 i'm
still
Enjoying
Enjoying good times

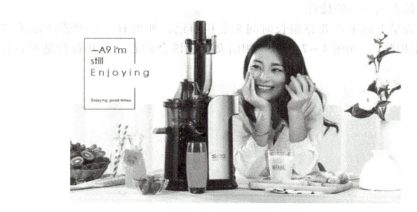

图 4－4　榨汁机使用场景

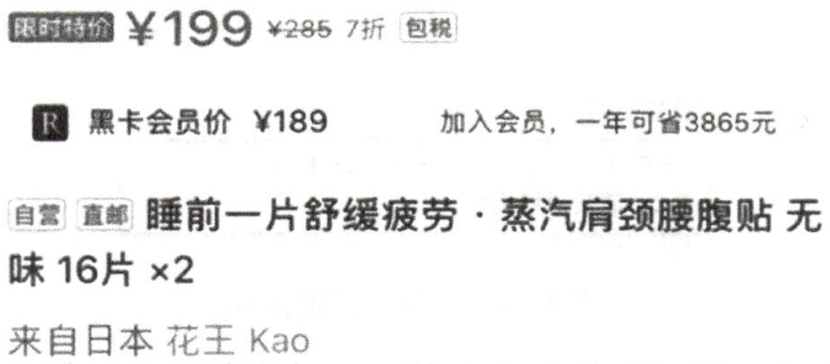

限时特价 ¥199 ¥285 7折 包税
R 黑卡会员价 ¥189
加入会员，一年可省3865元
自营 直邮 睡前一片舒缓疲劳 · 蒸汽肩颈腰腹贴 无味 16片 ×2
来自日本 花王 Kao

图 4－5　蒸汽肩颈腰腹贴使用场景

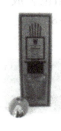

韩国 · 每天从香味中醒来
W.DRESSROOM 室内香氛扩散

图 4－6　香氛使用场景

这样的场景设置让消费者联想到的是高品质的生活和状态，那么这样的购物买的就不是一瓶香氛，而是提高生活品质的可能性。

（三）运用便捷性

如果有两款产品都能够满足你的需求，其中一款产品只需要 1 天就能够达成你想要的效果，另外一款需要 10 天才能够达成，你会选择哪款产品？

人都是懒惰的，相信你会选择见效快的。这就是小红书用的文案包装方法中，

用到最多的是方式——便捷性。

女生每天早上起来需要花很长时间来装扮自己，如果有一个面膜产品说"早上 60 秒搞定护肤"，如图 4-7 所示，相信女生应该会动心，点开看看是否真有这么神奇。

图 4-7　使用便捷的面膜

在小红书平台上，运用便捷性来包装商品的案例还有：把非常普通的瘦身水包装成"躺着不动就能瘦"，把瘦腿霜包装成"十分钟就瘦腿"，把修护精华霜包装成"一夜修复所有损伤"，如图 4-8 所示。

图 4-8　使用便捷的修护精华霜

（四）运用畅销性

"839293 位女性已经购买""连续 11 年销量领导者""销售突破 100 万瓶""卖断货""遭哄抢""百年老牌""出街必备""销量冠军"……

人都有从众心理，当用这些关键词来明示和暗示产品很畅销时，消费者会情不自禁地更想购买，他们会开始说服自己：

"别人都买了我也得买！"

"那么多人买了，东西应该靠谱！"

描述"畅销"这种既能激发购买欲望，又能赢得消费者信任的一箭双雕的方式，小红书在撰写产品标题文案时自然也不会放过，如图4-9所示。

图4-9　销量刺激

（五）运用身份认同

"理想自我"（Ideal Self）——心目中自己将要成为的样子。

满足消费者"理想自我"的需求，要比满足"现实自我"的需求有更大驱动力。如图4-10所示。

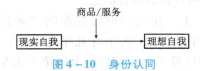

图4-10　身份认同

如果商品和服务能够帮助消费者达到理想的状态，那么就在文案中尽可能地去描述这一状态。

比如，每个女性理想中的自己都有好皮肤，对此小红书就推出了"养出嫩白牛奶肌""比别人年轻10岁""随时白成一道光""让你全身都在发光""秒变光滑鸡蛋肤""皮肤白过雪"等文案。

比如，每个女性理想中的自己都有好身材，对此小红书就推出了"变D罩杯就靠它""瘦成一道闪电""细嫩白腿抹出来"等文案。

另外，运用身份认同法中有一个最简单"粗暴"的做法——明星同款。

如果某个消费者认可某个明星，那么这个明星用的任何东西都会让他产生兴趣（甚至还能产生信任），小红书在用明星同款的写作套路时也是不留余力的。"范爷推荐急救保湿""林允同款亲肤舒缓""杨幂也在用的面膜"，如图4-11所示。

四、软文广告

软文广告，顾名思义是相对于硬性广告而言的，其精妙之处就在于一个"软"字，它将宣传内容和文章内容完美结合在一起，让消费者在阅读文章时能够同时了解策划者所要宣传的东西。一篇好的软文是双向的，消费者既得到了他需要的

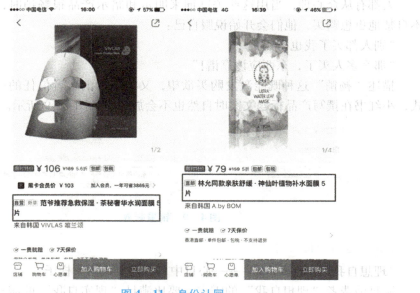

图4-11 身份认同

内容信息，也了解了卖家所宣传的内容信息。

图4-12是Facebook上一位美国网红发布的"融化起司（Melted Cheese）"（一道菜），这是一家纽约的小店，卖了好几年这道菜，生意也就一般般。直到2017年年初，Facebook网红发了个短视频，上线第二天早7点，饭店的预订就爆满了，各种人来吃饭拍照。店主说，之前只用4个人手，现在得紧急雇30多个。

美国网红们主要活跃在6个平台上，按照商业报价，排名是：YouTube、Facebook、Instagram、Snapchat、Vine，还有Twitter。那一篇软文广告能赚多少钱呢？美国网红分析机构Captiv8公开了平均报价，如图4-13所示。

比如Kim Kardashian，坐拥1亿Ins粉丝，是全球顶级网红。她的这条Ins据说价值百万，你看有46万个赞，如图4-14所示。

【实战演练】

请选择一款吉美商贸公司的产品，利用所学方法撰写推广文案，并选出最优方案。（推荐工具：BuzzSumo内容营销神器）

【微课链接】

如何编写推广文案

项目四 营销推广内容策划

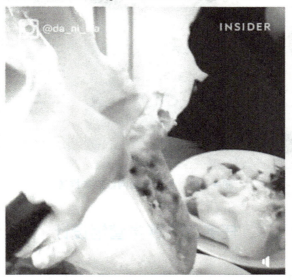

图4-12 美国网红的软文

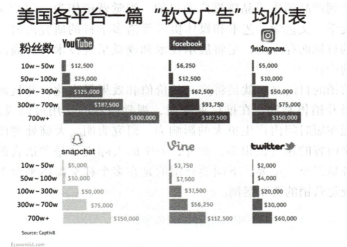

图4-13 美国网红软文广告报价

图4-14　全球顶级网红广告推送

任务二　视觉营销设计

【相关知识】

一、视觉营销的重要性

视觉营销既归属于营销技术的一种方法，又是一种可视化的视觉体验，是指通过视觉达到产品销售或品牌推广的目的。视觉营销作为一门交叉学科，集合了营销学、美学、文艺学、艺术和媒体摄影等诸多学科的研究内容。视觉营销是为达成营销的目标而存在的，是将展示技术和视觉呈现技术与对商品营销的彻底认识相结合的产物。

视觉营销的目的之一就是将产品的价值和效果最大化，并且通过凸显品牌之间的差异提升销售利润。在推广业务时，视觉内容的作用可以说是一图胜千言，视觉内容能在短时间内产生更大的影响力。研究表明，大脑处理图片内容的速度比处理文字内容的速度快很多，此外，93%的人际交往是非语言的，因此可视化的在线业务显得至关重要。下面要介绍的是在多个社交媒体平台上以新颖独特的方式进行视觉营销的典型案例。

【案例透视1】可口可乐的图片案例

有创意的文案配图可以从大量的推送中脱颖而出，引起人们的兴趣。图4-15是可口可乐在社交媒体Ins上的推文，凭借其鲜艳的色彩和有趣的创意抓住了读者的眼球。

项目四　营销推广内容策划

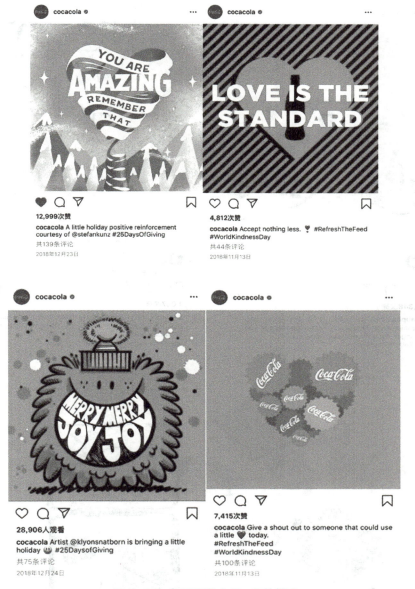

图 4-15　可口可乐在 Ins 上的推文

【案例透视 2】Zappos 的推送图片案例

Zappos 是一家美国的 B2C 卖鞋网站，1999 年开站，如今已经成长为规模最大的鞋类商品售卖网站。如图 4-16 所示，Zappos 的推文，配图色彩斑斓，充满乐趣和想象，给人身心愉悦的感受，使人产生丰富的联想。

图 4-16 Zappos 在 Ins 上的推文

二、亚马逊平台图片处理

（一）主图要求

第一，图片必须清晰，直接、真实地反映商品的情况。主图图片尺寸达到1 001像素×1 001像素及以上，可以启动放大功能，分辨率要求72dpi。

第二，图片中所展示的所有商品信息即为最终销售的商品，如图4-17所示。不要卖5元的胸针，但在照片里面带有衣服，这样会误导消费者，以为5元可以买到带有胸针的衣服。

第三，商品需要占到主图的85%以上，图片不可以有水印、Logo、包装等。

第四，美国平台服装类图片不能用假模特、衣架，只能用真人模特或者平铺拍摄。英国平台不能平铺拍摄，其他要求与美国平台一致。

第五，鞋类主图要求只放左脚，脚尖指向左下角。服装类主图只能放一张正面的图片。

图4-17 亚马逊主图示例

1. 颜色

图片共9张，第一张是主图，必须是白底图（图片背景的RGB值是255，255，255），如图4-18所示。辅图推荐使用白色背景，但不做强制要求。辅图中的场景图除外。

图 4-18 纯白背景主图

2. 场景图

因商品拍摄的角度、色调、光线等问题，场景图应尽量找自然场景去拍摄，不提倡抠图换场景。

3. 商品图片

必须准确展示商品，且仅显示待售商品，尽量少使用或不使用支撑物。

4. 明暗

拍摄商品忌亮处过曝，暗处不能与背景融合在一起，否则会造成设计抠图时，对于模糊不清的边缘无从下手。

5. 清晰度

拍摄的照片像素最短边应不低于 1 001 像素，分辨率不得低于 300 像素，越清晰越好。

6. 拍摄内容

拍摄内容主要包括完整的商品实物照片（包括正反面、侧面）、商品的细节图（想突出的商品优势、功能性或品质感等）以及场景图（请保留商品的完整性）。

图 4-19 和图 4-20 是一些合适的主图示例与不合适的主图示例。

图 4-19 合适的亚马逊主图示例

图 4-20　不合适的亚马逊主图示例

（二）辅图要求

商品其他角度的图像可以通过辅图展示。一个商品最多可以提供 8 张辅图。辅图可以不是纯白背景，但是不可以有 Logo、文字及水印。

（三）主图优化

①商品白底图 + 功能简介图 + 细节说明图 + 优势说明图 + 商品附带图 + 功能说明图 + 模特图 + 场景图（视频），如图 4-21 所示。

图 4-21　主图优化（1）

②场景图＋颜色图＋细节说明图＋包装图＋特点说明图标，如图 4-22 所示。

图 4-22　主图优化（2）

③商品白底图＋角度拼图＋场景图＋使用细节图＋尺寸图＋安装说明图＋材质说明图，如图 4-23 所示。

④商品白底图＋细节说明图＋尺码图＋效果图＋角度图，如图 4-24 所示。

项目四　营销推广内容策划　71

图4-23　主图优化（3）

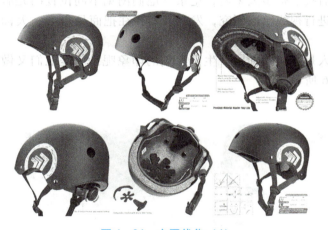

图4-24　主图优化（4）

三、速卖通图片处理

（一）视觉轨迹

传统行业中的视觉营销，重点在于陈列师对环境氛围的布置、主题的强调。而网络中，视觉营销成分复杂，集交互设计、用户体验、信息构架为一体，重点在于视线把控和买家心里把控。下面以两张视觉营销领域十分出名的视觉轨迹热图（Eye Tracker Heat Map）来对视觉营销做一个简单的介绍。

如图4-25所示，这是一张婴儿纸尿裤的平面广告初稿，并不是很有创意，因为商品卖点是用文字说明的（大标题）。

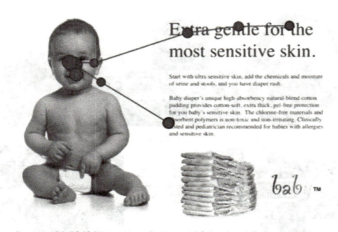

图 4-25　尿不湿广告设计视觉轨迹图

初稿完成后找了很多人来看,记录下他们浏览不同位置的先后顺序和重点查看的位置,来进行视线轨迹研究,发现人们往往把商品卖点(大标题)放在最后浏览。

那么这些人是否对大标题产生了深刻的印象呢?于是他们又做了另外一个实验,如图 4-26 所示。

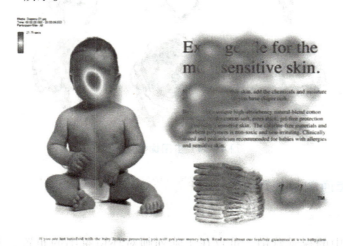

图 4-26　尿不湿广告设计视觉轨迹热图

通过记录统计发现,很遗憾,人们的目光都聚焦在了婴儿的脸上,对商品卖点的关注可以忽略不计。可以说这是个失败的广告。

如果让你做一个简单的修改,让人们的目光转移到文字标题上,你会怎么做?我们来看看修改之后的效果,如图 4-27 所示。

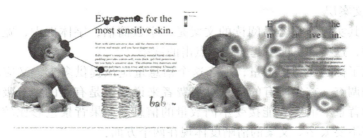

图4-27 修改后的尿不湿广告设计视觉轨迹

给婴儿转转身,让婴儿看着标题!通过简单的调整达到了向商品卖点引导的目的。这是一个非常经典的视觉营销的案例。

(二)轮播海报设计

店铺首页海报一般建议放3张即可。设置好相应的链接,可以链接到相关商品或产品组或相应促销。建议日常收集一些漂亮的图片,会对店铺装修有帮助。海报一般用来展示店铺主推或热卖商品。在做任何一个图片设计之前,都要清楚设计目的是信息传达。由于媒介不同,会用到不同的设计手段和方式。

互联网广告遵循"2秒原则",即只有2秒的生存时间,要么被忽视,要么被关闭,要么被点击。所以,线上广告的工作流程是:吸引眼球—阅读文案—浏览产品—点击了解—立即购买。如果这个流程在2秒内不发生,那么它将是一个失败的广告。

1. 海报的组成

在想清楚怎么设计一张海报之前,先要分析它分别由什么组成。

(1)商品层

展示商品的图片一定要清晰地突出商品,作图的时候可以适当增加锐度。对于一些标类产品,如护肤品、手机等,应尽量保持外观的完整,轮廓清晰、美观;对于非标产品,如食品、床品等,应展示商品的真实使用环境,有带入感。

【案例透视】商品展示角度

有些设计总喜欢创新,但并不是所有商品都适合不走寻常路,为了创新而创新实不可取。例如电水壶的展示,如图4-28所示,永远都是正面,这是经过长时间验证的。

图4-28 电热水壶展示图

(2)文案层

消费者其实更喜欢容易阅读的文案是:字数简洁,字体更大,宽度适合,阅读区域集中,这些都更能引起消费者点击的欲望。

文案除了标题还有信息量,那么这个信息量应该提供多少,又应该提供哪种信息?根据调查,首先所有的信息对消费者来说应该是有效的、有吸引力的。其次在不同的背景下消费者能接受不同数量的信息。如果背景色彩比较丰富,那么信息量最好不要太多。文案的清晰度体现在两个方面:

①视觉清晰度。要一眼能看清楚。优秀的信息传达,即商品要清晰,文案要清晰,背景要简洁。文案需要和背景拉开明度距离,否则将不容易被阅读。而基于电商大数据分析,标题文案的字数不宜超过 8 个,超过这个字数,文字越多点击越少。

②逻辑清晰度。要一目了然。一些直击消费者内心需求的文案往往更容易促使消费者产生购买行为。从众的文案:已卖出 10 000 件;好奇的文案:神奇面膜;利益的文案:错过等一年,全场 3 折,仅此一天;恐惧的文案:消灭你家中 99.9% 的细菌;自我的文案:这个表有点贵,但是很帅;幽默的文案:老板不在,全场乱卖。文案设计的核心是需要了解人性的本身,而不是单纯了解你需要推销的本体。例如:新春特卖、型男必备、春游必备、2017 新款上架等都是较为普通的文案。

(3)背景层

背景层可分为三个层次:

①前背景:装饰的意义。

②中背景:功能的意义,看是否需要再定。

③后背景:每张广告图必定有的功能意义。

2. 极致的版式

电子商务经过了几年的发展已经逐渐成熟,并且已经形成自己的模式和风格。但是对于电商的设计风格,大多数人还停留在最初的用商品堆砌 + 文字信息 + 各种杂乱无章的效果。其实跨境电商的视觉与传统电商是有区别的,国外客户更多的是接受简洁大方的视觉设计。所以这里介绍一些极简设计,既"高大上",又能很容易被接受,可以在短时间内做出美观而且符合国外客户品味的海报。

构图是版式设计的基础,但我们往往忽略了对于构图和版式的极致追求。下面是几个极致版式的设计技巧:

①对齐——最基础也是最重要的,可以是左对齐、右对齐、居中对齐、顶对齐、底对齐等。

【案例透视】左对齐版式

左对齐是阅读效率最高的对齐方式，人的浏览视线都是从左往右移，因此大段需要阅读的文案，最好采用左对齐的方式排版，如图4-29所示。

图4-29 左对齐版式

②对比——让画面不再平凡。作为简洁乃至极简的设计来说，对比非常重要。对比既可以让人非常快速地阅读到重要信息，也可以让版面的设计有节奏感，让画面看起来不乏味。

【案例透视】苹果手机发布

图4-30是居中对齐的版式，非常大气，同时用了机型的对比方式，突出了新机型的特点。

图4-30 苹果手机海报

③有"气质"的留白。留白从广义上来说，可指画面上留下的空间，颜色不一定是白色。当代新锐艺术家冢本智也在自己作品中提出留白的另外一种层次的思考——行为上的"留"。留白可以突出主题、简化画面、表达自信、增强品质感。

【案例透视】无印良品的极简风（图4-31）

图4-31 无印良品商品海报

3. 精致的颜色

颜色对一张海报而言非常重要，必须和产品定位一致，最好能传达一种情绪和感情。以下是对颜色选择的几个原则：

①黑白灰主色调＋亮色辅色；

②选择商品主色调为整体画面的主色调；

③使用颜色不要超过三种；

④统一明度与饱和度；

⑤注意颜色的层次。

4. 考究的字体

字体选择一定要符合整体设计风格，一般来讲字形结构简单的字体是最保险的，还可以选择书法字体。

（三）创意主图设计

什么是创意图片？并不只是单纯展示商品图片，而是更多地从商品或商品外的其他属性入手，完成商品主图差异化的过程，达到吸引消费者点击及购买的作用。

如何做到图片差异化？在同类目直通车主图偏向冷淡风时，可以用热烈的图片创意来赢得关注；在同类目直通车主图都充满氛围，视觉效果都很炫目时，可以用一张大量留白、少量文案的图片设计来吸引消费者的关注。此外，还可以在图片创意方面做区分，使用卡通人物或当下热门的电影或电视剧的图片来做合成创意。

1. 品牌宣传型

简单直接地用品牌 Logo 做直通车创意图，既能树立品牌形象又可以达到吸睛的目的，一举两得，适合店铺品牌发展到一定瓶颈，需要在众多商家中博弈出彩、树立品牌的商家。

2. 卡通人物型

在个性解放的如今，不受年龄及性别限制，卡通形象这种无攻击性的可爱角色会吸引消费者点击，再配上有趣的文案，更能引起消费者的好奇心，适合各个类目全新的尝试。

3. 商品营销型

直通车的消费者诉求有时候很直接，只要用文案和色彩图形说明清楚商品即可。有的商品主图简单直接，但色彩抢眼，也能创造较高的转化率。每家店铺可以根据自己的商品类型，尝试同一系列设计风格不同的商品文案设计。

4. 实力展示型

如果与同行相比，雄厚的实力正是商家的优势，就应尽量凸显该优势。在推广直通车时，以团队展示为创意点，比起一般工作室、兼职设计师更能彰显真实性，给予消费者安全感。

5. 热点借势型

借助实时热点思路来整合直通车推广图是最不费力又讨巧的方法。例如，在 2016 年 8 月奥运会时，"洪荒少女"傅园慧表情包是大家竞相借势的点。但借势有时会涉及版权，所以可用文字营销或其他视角。

6. 字体创意型

如果一组直通车图兼顾了品牌和商品的同时，在字体设计上进行创意，会在众多图文花哨的直通车图中脱颖而出。例如：简单的笔画连接，呈现出连贯感；将一组文字笔画共用，做出变形，使其形成特殊的效果。

7. 色彩出众型

利用大胆的色彩、撞色等设计手法吸睛，营造视觉冲击力，也是博眼球的好创意。

8. 纯靠创意型

用创意营造视觉，用视觉引爆销量，是视觉营销最核心的宗旨。创意图在直通车中尤为珍贵，一张好的创意直通车图瞬间提高点击转化率，花最少的钱获得最大的流量转化。

9. 情感走心派

如果卖家利用各类型图片不停尝试，但效果不尽如人意，那么偶尔走心的小清新设计也许可以在众多浮躁的直通车图中脱颖而出。

10. 纪念碑谷风格

站在设计的角度，利用最新最潮流的纪念碑谷风格，营造立体3D感觉，在众多平面图中，更能凸显店铺的独特气息。此类可以尝试的风格还有很多，如手绘、动漫、武侠、表情包都可以作为创意点。

虽然创意是直通车图的根本，但不要忘记自己的出发点，一味漫无目的地追求创意只会赚取眼球、赢得点击率，对实际销量没有意义。卖家要从商品本身出发去寻求创意点。

直通车主图点击率是评定商品对于客户群吸引力度、商品市场受欢迎程度的重要指标之一，要学会从多种维度、多种角度去调整直通车主图，也不要一味陷入烧钱大战中。要学会用创意直通车主图创造巧劲儿，占据优势，赢得高点击，促进转化率。

在设计技术匮乏的条件下可应用如下技巧作出充满创意的图片：

①构图简洁，层次分明，避免过多的元素，如：主图 + 文案 + 按钮。

②模特的影响：模特脸部面对消费者或微笑的表情更具感染力。

③明确、有力度、简短的文字，明确的促销信息、包邮、限时折扣等（文案为主，美图为辅）。

④独具魅力的形容词：了解目标消费者的兴趣点，生动、利己的形容词有更强的触发力。

【实战演练】

1. 请选择一款吉美商贸公司的产品，为亚马逊平台的店铺设计主图与辅图。

2. 请为吉美商贸公司速卖通店铺设计一张轮播海报（推荐工具Canva、美图秀秀等）。

【微课链接】

如何优化主图

如何制作海报

任务三 短视频制作

【相关知识】

一、视频类型

理想情况下,每一个产品页面都应包含视频,在专题推广活动中以恰当的视频作为辅助更能起到显著的效果。视频的类型取决于产品用途、成本以及品牌,跨境电商营销推广中常见的视频主要包括以下几种类型。

(一)展示生产流程视频

这种视频主要是向消费者展示产品是如何被开发和制造出来的,视频中可以包括一些制作的特写镜头。

(二)开箱视频

这种视频通常适用于科技类产品,展示把产品从一个密封箱子中拿出来的整个过程。这种视频在 YouTube 上很火,经常由消费者和评论者发布,能给卖家带来很大好处。

(三)测试型视频

这种视频经常用于测试产品的极限。搅拌机制造商 Blendtec 推出的"它能搅碎吗?"系列视频就是一个很好的例子。Zagg 公司录制的视频也展示了其手机钢化膜如何抵抗螺母、螺钉和锯片的破坏。

(四)空间浏览视频

这种视频可用于家具和家居装饰产品,可展示配置了卖家各种家具产品的房间和空间。

(五)使用方法视频

这种视频适用于大多数产品,可以描述如何使用某款产品,包括如何安装、清洗和穿戴,以及产品存在于哪些生活场景中。例如,零售网站 RetroPlanet.com 利用视频来展示如何使用墙贴。这类视频内容可以与产品有关,而又不完全局限于所售产品。

(六)对比视频

这种视频常用于比较相同类型产品的不同型号,如展示同一款式不同大小的背包容量及模特搭配效果,或用于某个产品与其竞争产品的比较。比较竞争产品时,请务必遵循恰当的规则和合法性。

（七）产品使用视频

这类视频很简单，就是展示人们正在使用该产品，比如运动员穿着某品牌的运动鞋做运动，或者也可以包含使用技巧方面的元素。

（八）搞笑模仿视频

每个人都喜欢笑，如果搞笑视频运用得当，有助于提高产品的销量，比如，强力胶 FiberFix 和坐便器脚踏板 Squatty Potty 制作的病毒性视频就属于此类。

二、视频制作工具

如果跨境电商卖家对视频营销感兴趣，可以在网上找到大量视频制作工具，成本很低或免费。这些视频编辑器提供专业模板，让用户轻松制作各种风格的视频。以下几种视频编辑器可供卖家参考。

（一）Facebook Live

Facebook Live 是 Facebook 推出的直播工具，使用它可与观众实时互动。Facebook 粉丝可接收通知，以便及时打开直播频道，收听节目。通过过滤器，可选择向哪些粉丝组开通直播。价格免费。

（二）YouTube Video Editor

使用 YouTube Video Editor 创建新视频、剪辑视频，然后只需一键就可发布到 YouTube 网站。所有上传的视频都会自动添加到视频编辑器，并能进行在线剪辑。它能串联多个视频，添加背景音乐、字幕或其他特效。价格免费。

（三）YouTube Live Stream

这是 YouTube 视频直播。进入 YouTube，用户有三种方式开启视频直播：Stream Now 能简单快捷地录制视频，在合适的时间自动开始和关闭；Events 更有可控性，用户可选择何时开始和停止；Mobile 是通过 YouTube App 录制视频。价格免费。

（四）Adobe Spark

Adobe Spark 让用户不需要专业的编辑软件知识，就能轻松制作社交图片、网页故事、动画视频。制作视频时，可通过曲库选择背景音乐、插入个人收藏音乐，或使用自己的声音。Spark Video 支持视频上传到 Facebook。价格免费。

（五）美拍大师

美拍大师是一款集实时美颜滤镜拍摄/一键添加字幕/一键添加配乐，轻松实现手机剪辑的手机视频制作软件。

（六）万彩动画大师

万彩动画大师界面简洁，操作简单易上手，短时间内便可学会制作。在漫无边际的视频画布上，随意编辑，轻轻松松便可做出专业级水平的动画视频。免费功能也相当强大。

【实战演练】

请以小组为单位,展开头脑风暴,收集视频广告,为吉美商贸公司产品制作一条小视频广告。

【微课链接】

短视频推广

项目五

国际市场站内推广

项目背景

吉美商贸公司在主流B2B、B2C跨境电商平台均开展了业务，小王将随团队一起在阿里巴巴国际站、速卖通、亚马逊等平台，利用平台提供的营销工具进行站内推广。

学习目标

1. 全面了解三大平台常用营销工具；
2. 能够开展三大平台店铺及产品的站内推广；
3. 能利用翻译工具、视频及图片处理工具辅助营销活动。

知识导图

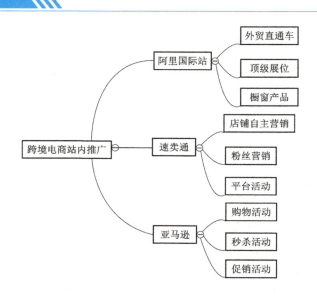

任务一 阿里巴巴国际站站内推广

【相关知识】

一、外贸直通车

外贸直通车也称作 P4P（Pay For Performance），是阿里巴巴会员企业通过自主设置多维度关键词，免费展示产品信息，并通过大量曝光产品来吸引潜在买家，并按照点击付费的全新的网络推广模式。换句话说，外贸直通车可以简单理解为一个关键词竞价平台，花钱买关键词位置，提高产品曝光率，让买家在用关键词搜索的时候能第一时间看到公司产品，从而带来订单机会。

通过出价可以获得第一页前 5 位（除了其余资源位，如顶级展位）、每页右侧 10 个和下方 4 个智能推荐位，如图 5-1 所示。

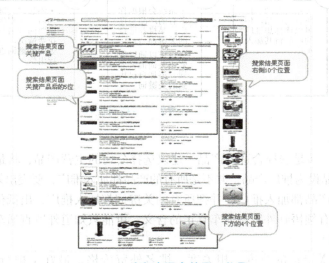

图 5-1 外贸直通车的展示位置

（一）外贸直通车优势

外贸直通车的优势主要有以下三方面。

1. 按点击收费

根据海外买家点击和查看后的结果，产生营销推广费用（中国大陆的点击不收费）。

2. 灵活可控

有效控制每天的推广预算，淡旺季推广方案灵活可控。

3. 海量选词

关键词海量选择，多维度曝光产品，全面覆盖潜在买家。

(二) 外贸直通车基本流程

外贸直通车的基本流程如图 5-2 和图 5-3 所示。

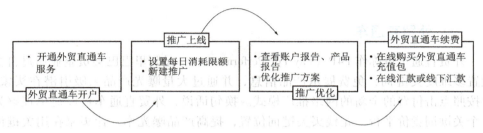

图 5-2 外贸直通车整体流程

图 5-3 外贸直通车使用流程

1. 选产品

最重要的一步是选择合适的产品。建议选择公司的主营产品，将最有优势的、性价比最高的产品设为推广产品，并不是所有的产品都加入推广，要突出效果就要重点推广。把所有的产品都加入推广，并把所有的关键词都加入推广，出低价，这种做法是不可取的，没有领悟到外贸直通车真正的含义，可能只知道外贸直通车的权重更高。

2. 选关键词

要先分析关键词的热度、相关度、排名外贸价格，最好是把行业的关键词都列出来，做一个关键词库，把需要推广的关键词进行分类，相关的关键词作为一类，加入 P4P 推广词库里。

3. 为选好的产品匹配关键词

产品和关键词选好之后就可以为这个关键词匹配一系列的相关关键词了，有绝对匹配和相对匹配（模糊匹配），再把这些关键词组合成一个完美的产品标题。要注意标题的核心关键词，不能被截断了权重。做好之后可以在阿里后台看到这些关键词对应产品的评分，至少要把推广评分优化到 4 星级以上，3 星级以下的不建议推广。

4. 出价

P4P 效果好不好，关键是在出价这个环节。关键词有主关键词、长尾关键词，一个产品标题应该由一个主关键词加上若干个长尾关键词组成，可以覆盖10～15个，每个关键词都要设置优先推广一个产品，这样的效果会比较明显，容易打造出爆款。

(三) 外贸直通车操作界面

第一步：选择想要推广的产品（推广的产品数量越多，被买家搜索到的概率就越大）。

①单击"广告管理"—"外贸直通车"—"工具"—"推广产品设置"，如图5-4所示。

图5-4 选择推广产品设置

②将"新增产品默认：暂不推广"，修改为"加入推广"，这样后期发布的产品会自动加入推广，不用自己手动添加产品，如图5-5所示。

图5-5 选择加入推广

③按类目逐个筛选，勾选想要推广的产品，选择"加入推广"，如图5-6所示。

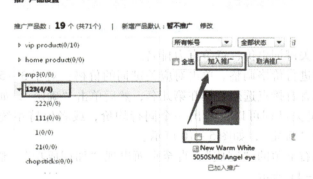

图5-6 勾选加入推广的产品

第二步：选择合适的关键词进行添加。

①单击工具—关键词工具，如图5-7所示。

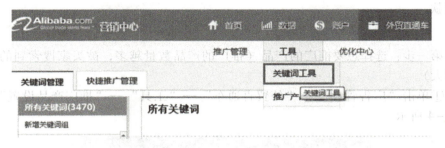

图5-7 选择关键词工具

②通过"系统推荐"/搜索框搜索相关词/左侧手动输入关键词中任一方式，选择想要推广的关键词。如：使用系统推荐功能，从系统推荐的关键词中找到想要推广的词单击后，关键词就会出现在左侧的加词清单中。接着单击"下一步"，进入出价页面。如图5-8所示。

图5-8 选择推广的关键词

第三步：对关键词出价，竞争有力排名。

①对关键词进行价格调整。单击对应关键词的价格：对于3~5星关键词输入想要出的价格或者直接点选想要排在第几名，然后单击"确定"，如图5-9所示。

对于1~2星关键词可以选择出一个同行均价，或者保持系统默认（底价+0.1），然后单击"确定"，如图5-10所示。

②单击页面右下角的"完成"，直至页面出现"加词成功"，整个推广才算建立完成，如图5-11所示。

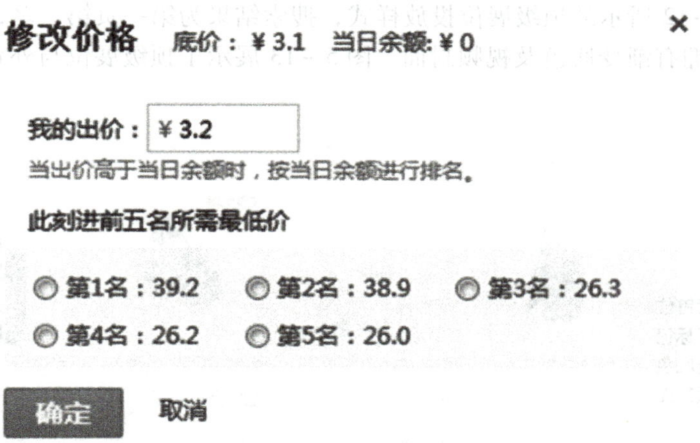

项目五 国际市场站内推广

图 5-9 关键词出价（1）

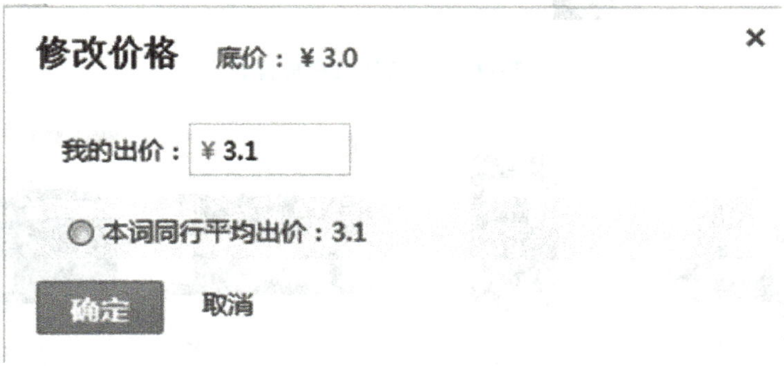

图 5-10 关键词出价（2）

图 5-11 完成关键词的添加

二、顶级展位

顶级展位是阿里巴巴推出的付费推广资源位，以帮助提升产品曝光和店铺流量。可以一次性抢占阿里巴巴关键词搜索结果展示区域第一位的最优曝光资源，并根据自身的产品特点和市场走势灵活地调整产品推广，获得更精准的曝光。目前平台上面分为 PC 端展位以及 APP 端展位，两者的投放是独立的，所以需要分别购买。

如图 5-12 所示的顶级展位投放样式，搜索结果为第一页第一名，带有专属皇冠标志，并拥有渐变底色及视频封面。图 5-13 展示了顶级展位与外贸直通车的展示关系。

图 5-12 顶级展位投放样式

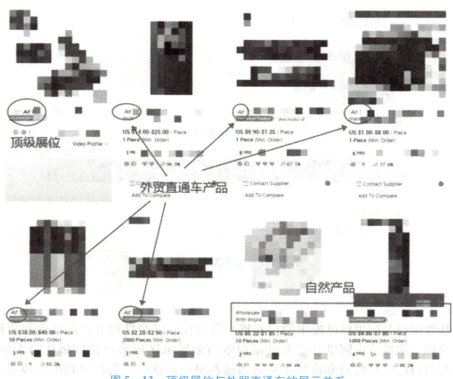

图 5-13 顶级展位与外贸直通车的展示关系

（一）顶级展位优势

1. 排名第一

买家利用关键词搜索产品时，成功购买的顶级展位产品将展示在搜索页面第一位。

2. 流量优势

顶级展位精确锁定阿里巴巴主站搜索流量。

3. 资源稀缺

顶级展位锁定行业热门关键词，每个关键词仅售第一位。

4. 身份尊贵

顶级展位的专项尊贵醒目标志，利于产品推广，有助于企业品牌知名度的提升。

（二）顶级展位竞价技巧

①竞价开始前——保证外贸直通车账户余额充足，提前归总好需要竞价的词，并观察竞价热度，同时检测该词下是否有相关性为优的产品。如图5-14所示。

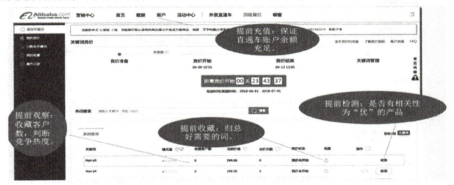

图 5-14 竞价前准备

②竞价中——单击"出价"，设定价格，观察竞价结果，决策是否继续出价。

当售卖开始的时候，"出价"会变成黄色。此时单击"出价"，会弹出出价框，出价提交之后即表示参与了该词的竞价，系统会自动冻结账户的金额，直到有其他用户出价领先，该店铺的出价金额才被释放。如图5-15和图5-16所示。

当该关键词在本次竞价中第二次及以上被竞价，加价幅度可自定义，自定义范围为20~1 000、金额不含小数点的整数。出价框右侧可看到该词最近的5次竞价记录，如图5-17所示。

最后，还可以在"我的竞价"中管理本次已经参与过竞价的关键词，进行监控竞价状态以及重新出价。竞价状态："领先"表示当前出价为第一，"落后"则代表当前有人出价更高，可以重新单击"出价"进行新的出价。如图5-18所示也可以通过切换"PC端顶级展位"和"APP端顶级展位"分别管理竞价。

当本次竞价只有最后一分钟时，如有客户仍然在继续出价，那么对应词的结

图 5-15 竞价时间

图 5-16 出价

图 5-17 二次及以上竞价

图 5-18 竞价管理

束时间将会往后延，最多延长 30 分钟。具体每个词的延时情况，可见图 5-19 所示的竞价状态的倒计时。

图 5-19 竞价延时

③竞价结束后——绑定关键词：已购买的词—绑定产品—制作创意（详见顶级展位创意设计部分）

（三）顶级展位创意设计

顶级展位推广是付费项目。如果通过竞价获得了某一个关键词，店铺一定要好好利用宝贵的展示机会，争取通过视觉营销提高点击转化率。因此，顶级展位创意设计十分重要，广告语、图片、小视频都要提前准备好。

1. 顶展创意设计步骤

第一步：进入绑定。

进入顶级展位页面，找到左侧导航"已购买的关键词"，选择需要切换成新样式的关键词，单击"立即绑定"，如图 5-20 所示。

图 5-20　绑定关键词

第二步：绑定产品。

选择要绑定的产品，推广评分为"优"的产品才可以进行绑定并投放。选择后，单击"保存并继续"进入下一步，如图 5-21 所示。

图 5-21　绑定产品

第三步：制作创意。

这时会看到图 5-22 所示的界面，有三部分内容需要填充，分别是广告语、视频封面和视频。关于这三部分的要求，详见后面的章节。

需要注意的是，视频封面和视频不支持本地上传，需要从图片银行和视频银行中选择已经审核过的图片和视频（如图 5-23 所示）。而图片银行和视频银行的审核需要 1 个工作日左右时间，建议制作创意前提早上传，以确保物料已经备齐。

填充完之后就可以预览到创意效果，可以在预览界面确认广告语、图片和视频是否都正确，如图 5-24 所示。

确认无误之后，单击"保存并提交"，一个创意就制作成功了。单击"管理关

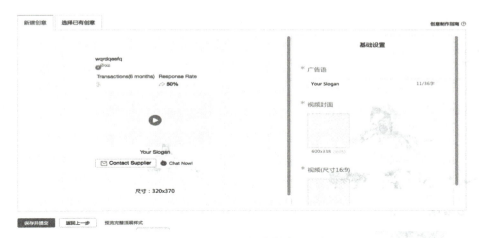

图 5-22　制作创意

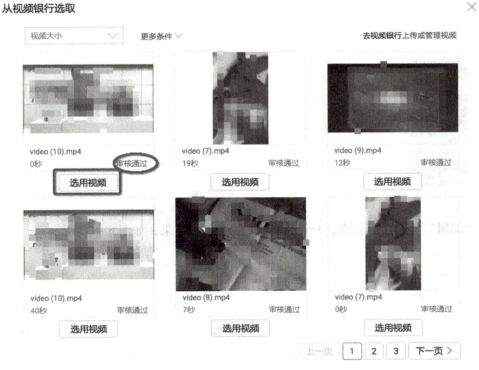

图 5-23　图片银行与视频银行

键词"可以查看审核状态，如图 5-25 所示。

第四步：查看机审结果。

这一步不能忘，单击"管理关键词"回到"已经购买关键词"界面后，选择"投放中"，马上可以看到审核结果"不通过"以及不通过的原因了，此时需要单

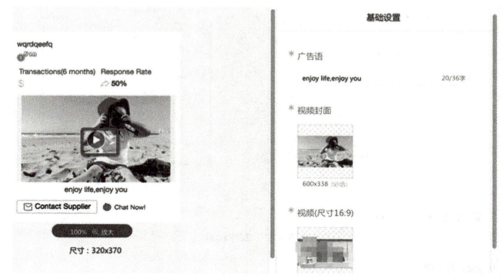

图 5-24 预览效果

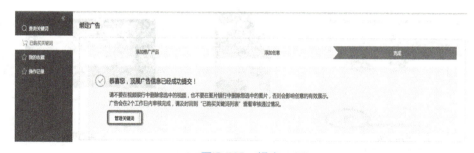

图 5-25 提交

击"编辑"进行重新提交，3 个工作日内返还创意结果，如图 5-26 所示。

图 5-26 机审结果

第五步：3 个工作日后查看最终审核结果。

3 个工作日内，我们能看到最终审核结果，"通过"或者"未通过"，移到

"？"可见未通过原因。

2. 广告语要求

①广告语：用于视频未播放时展现在视频封面。

②内容：体现公司/产品优势。

③字符：36 个字符以内。

④不允许出现：

a. 广告语涉及种族、宗教、政治等敏感话题；

b. 广告语超出限定字符；

c. 广告语内容堆砌重复，如 good desk good desk good desk；

d. 广告语内容夸张不属实，如 best，only/ rarely/90% customer like this；

e. 广告语全部大写；

f. 广告语包含特殊字符；

g. 广告语大小写错乱，建议广告语首单词字母大写，其余都小写，OEM 等必要大写除外；

h. 广告语单词错写；

i. 广告语字符混乱使用；

j. 广告语涉及站外链接、电话邮箱等；

k. 广告语内容涉及知识产权，禁限售。

3. 视频样式要求

①视频样式：点击播放按钮，视频将在当前页面直接播放，无须跳转或弹出。

②内容：产品介绍或者公司介绍，或者两者结合，突出核心卖点。

③比例：16∶9 横屏。

④画质：≥480P。

⑤时长：20～45 秒。

⑥不允许出现：

a. 视频画质未达到 480P；

b. 视频时长不符合标准；

c. 视频画面抖动；

d. 视频字幕/解说部分未采用英文；

e. 视频比例不符合 16∶9；

f. 视频中出现第三方服务商 Logo 和拍摄软件 Logo；

g. 视频内容为电子相册形式，而非拍摄视频；

h. 视频含站外引导链接、二维码、电话、邮箱等；

i. 视频拍摄单一，未突出核心竞争力，如产品质量、功能、公司实力等核心卖点；

j. 视频背景音杂乱；

k. 视频背景杂乱；

l. 视频涉及儿童色情或者露点；

m. 视频封面出现带其他品牌 Logo 的产品（如拍摄洗脸盆时出现海飞丝洗发水）。

4. 视频封面样式

①视频封面：用于视频未播放时展现在视频封面。

②内容：能展现企业或者产品优势，吸引买家点击。

③像素：600px×338px。

④不允许出现：

a. 视频封面内容无吸引力，如公司人员合照、前台照片等；

b. 视频封面涉及种族、宗教、政治等敏感信息；

c. 视频封面含第三方 Logo；

d. 视频封面尺寸不达标；

e. 视频封面大小超过 5MB；

f. 视频封面含站外引导链接、二维码、电话、邮箱等；

g. 视频封面出现带其他品牌 Logo 的产品；

h. 视频封面文字全中文，无英文翻译。

三、橱窗产品

(一) 什么是橱窗产品

橱窗，即橱窗展示位，是一种营销推广工具。添加到橱窗的产品，在同等条件下享有搜索优先排名权益，同时可在全球旺铺中做专题展示。根据公司推广需求，可自行选择需推广的产品，如推广效果好的产品、新品或主打产品等。阿里巴巴国际站出口通服务包含 10 个橱窗，若为"金品诚企"服务，则包含 40 个橱窗，此外还可联系客户经理另行购买。

被设置为橱窗的产品具有以下三点强大优势：

①享有搜索优先排名机会；

②拥有旺铺首页推广专区，提升主打产品推广力度；

③随时更换橱窗产品，轻松掌握主打产品推广主动权。

橱窗产品在其他信息完全相同的情况下，排序优先于普通产品。产品排序会参考产品信息质量、买家喜好度、交易金额等。排序是多方面进行考量的，所以橱窗产品不一定比普通产品排序就好。值得注意的是，搜索排序规则会根据买家的搜索喜好不断优化，除单个产品的转化率之外，也会参考当前搜索词下整体买家的偏好习惯。所以，当普通产品在当前搜索词下，被判断为更符合买家的搜索诉求时，有可能普通产品的排名会比橱窗产品更靠前。比如，买家搜索 mp3，大量的数据表现出，买家更偏好红色 mp3，那么带有相关信息的产品就可能更靠前。

（二）橱窗产品使用技巧

1. 选好关键词

最好的方法就是参考后台数据管家热门搜索词，因为在这里可以看到每一个关键词的搜索热度。如图 5-27 所示，如果选关键词 stainless steel sheet，热度确实很高，但是已经有 190 个橱窗产品了，再发布的话，很难在首页展示，竞争太激烈。

关键词	卖家竞争度	橱窗数	搜索热度	过去12个月内搜索热度
stainless steel sheet	831	190	847	
stainless steel sheet price	243	36	279	
stainless steel sheet 304	162	13	265	
316l stainless steel sheet price	146	7	250	
mill test certificate stainless steel sheet	92	2	230	
stainless steel sheet price per kg	134	11	220	
304 stainless steel sheet	392	96	199	
4x8 stainless steel sheet	224	28	176	

图 5-27　关键词搜索热度排行

2. 组关键词

例如：K1 = steel sheet，K2 = stainless steel sheet，K3 = stainless steel sheet price 三个词热度相当高，并且都相关，都可以用在同一个产品中（第一类目相同）。K1 和 K2 是两个行业主关键词，热度高，就会有很高的曝光量。K3 会有好的排名，只要得到询盘，其他两个词必然会提高排名。

注意，如果产品存在长时间曝光，却无点击无反馈，是会降低买家喜好度的，结果就是降低排名。

3. 组合标题

为什么要用组合这个词？因为需要组成一个标题——同时出现三个关键词。
用上面的例子，可组两个标题：
标题：修饰词 + stainless steel sheet，修饰词 + stainless steel sheet price。

4. 跟踪整改

发布产品之后，制作表格，从第二天开始查排名，第一周每天关注排名。

从第二周开始每天关注数据管家—我的产品—橱窗产品效果。把橱窗产品打钩，单击"搜索"，查看它的效果行不行，如果曝光量不足，需要调整。

具体分析方法很简单，只要它有曝光量，有点击或者访客，就暂时不用修改；如果长时间没有反馈，就得再优化一下内容；如果产品没有曝光量，就得换关键词了。找三个关键词去修改一个目前效果不好的橱窗产品尝试一下，发布之后三天排名还可以，头一周排名基本稳定，就算成功了。

(三)橱窗产品开通

阿里巴巴国际站怎么设置橱窗？只有管理员和制作员权限才可以管理橱窗产品。已经设置了开通时间的橱窗订单，在服务开始前，可以在"待投放橱窗位"页面，提前进行橱窗产品设置（此页面的橱窗产品，需要到开通时间才会展示在网站上）。

进入"橱窗位设置"页面，单击"待投放橱窗位"，查看有多少个橱窗位需要添加，按提示数量准确添加；单击"添加橱窗产品"，或直接单击空橱窗位进行橱窗产品添加。如图5-28所示。

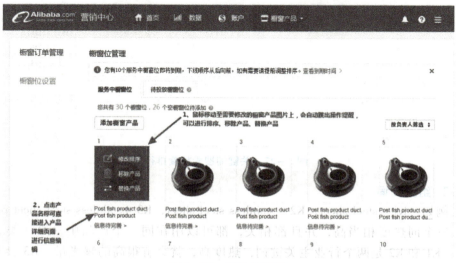

图5-28 橱窗位设置

【实战演练】

1. 吉美商贸公司在阿里巴巴国际站已经运营多年，请根据现状，对站内引流提出相关建议。

2. 选择一款产品，作为橱窗产品推广，准备广告语、视频及视频封面。

任务二 速卖通站内推广

【相关知识】

一、店铺自主营销

目前速卖通卖家后台支持五种类型的自主营销活动，分别为单品折扣、满减活动、优惠券活动、搭配活动、互动活动等。

(一) 单品折扣

单品折扣是老版限时限量活动与全店铺打折活动的合并,设置折扣活动后将在搜索端、详情页、购物车等位置展示,可以有效提升转化率、订单量与销售额。

具体操作界面如下:

第一步,登录卖家后台,进入"营销活动",单击"店铺活动",单击"创建",如图5-29所示。

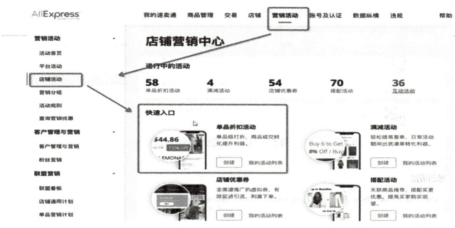

图5-29 创建单品折扣活动

第二步,编辑活动基本信息,包括活动名称和活动起止时间。活动名称最长不超过32个字符,只供查看,不展示在买家端;活动起止时间为美国太平洋时间,如图5-30所示。

图5-30 编辑活动基本信息

第三步，设置优惠信息，可以选择批量操作，或分组定向操作等。比如设置全店铺折扣、手机端折扣、粉丝折扣、新人折扣等，如图 5-31 和图 5-32 所示。

图 5-31　设置优惠信息

图 5-32　批量设置折扣

第四步，管理单品折扣活动。平台允许活动进行中暂停活动（适用于活动设置错误快速止损）；活动中允许编辑商品，编辑后可实时同步到买家前台（仅针对单品折扣活动的商品生效）；活动进行中允许操作新增/退出商品（无须暂停活动即可操作），以及编辑折扣，且实时生效。值得注意的是，大促场景下的单品折扣活动不允许暂停活动，不允许新增/退出商品，不允许编辑商品以及运费模板。如图 5-33 所示。

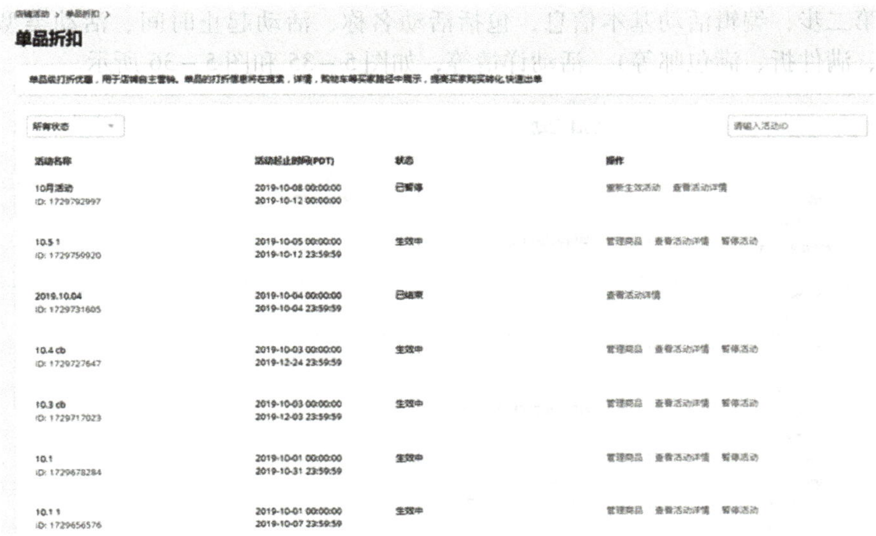

图 5-33 管理单品折扣

（二）满减活动

通过满减活动可以提升买家购买数量，从而提升客单价。可以选择部分商品进行满减，打造爆款；满减金额可以根据客单价制定，比如客单价是 9 美元，可设置满 10 美元再减；满减活动与店铺其他优惠可叠加使用，注意控制利润。

第一步，单击"营销活动"，找到"店铺活动"下面的"满减活动"，进行创建，如图 5-34 所示。

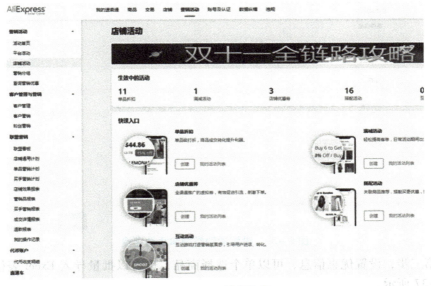

图 5-34 创建活动

第二步，编辑活动基本信息，包括活动名称、活动起止时间、活动类型（满立减、满件折、满包邮等）、活动详情等，如图 5–35 和图 5–36 所示。

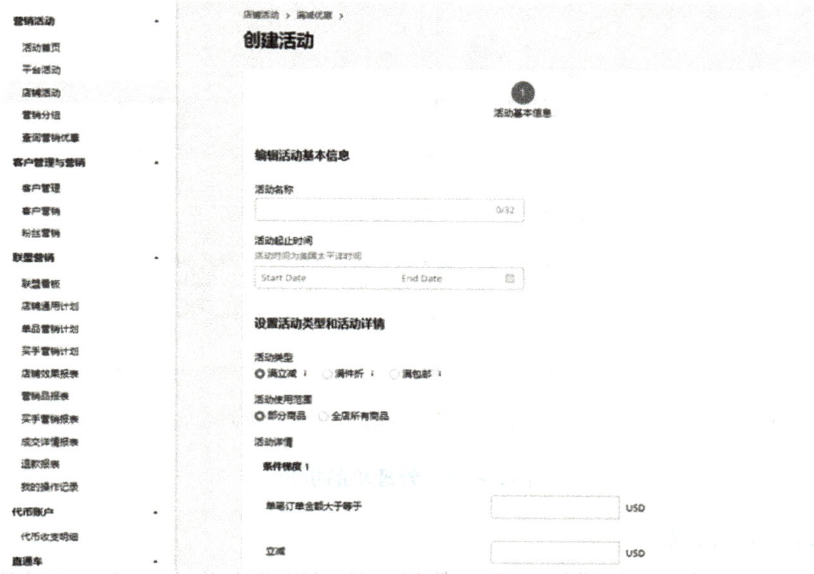

图 5–35 编辑活动基本信息

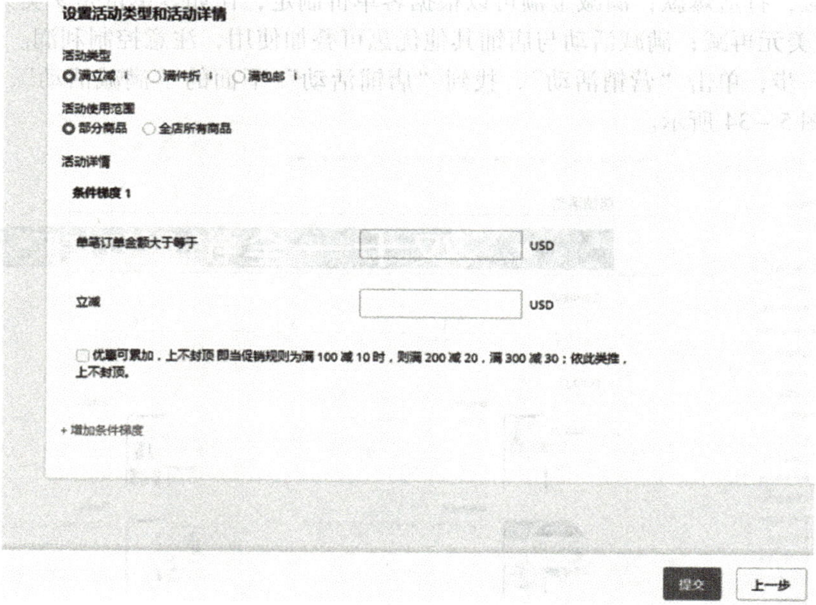

图 5–36 设置活动类型和活动详情

第三步，设置优惠信息，可以单个选择商品，也可以批量导入 Excel 表格，如图 5–37 所示。

第四步，管理满减优惠活动。在活动开始前及进行中，都允许管理商品、编辑商品、调整减免梯度或暂停活动等，如图 5－38 所示。

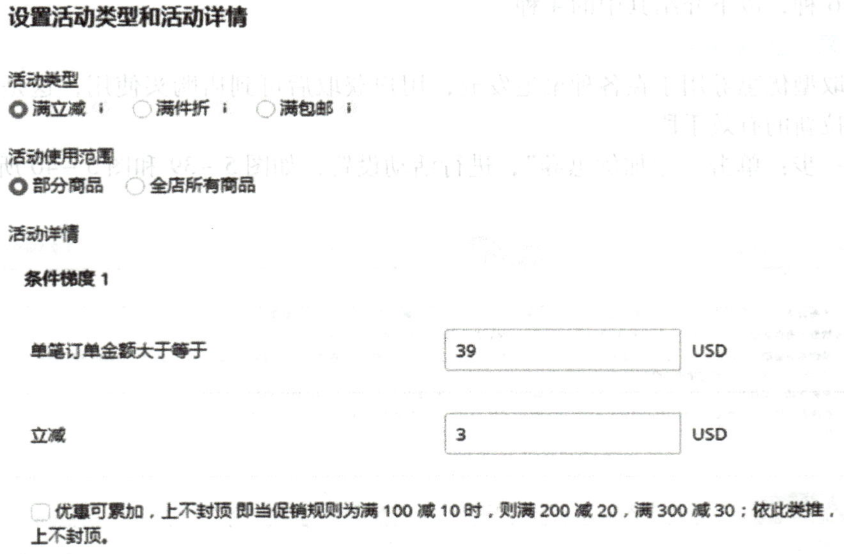

图 5－37　设置优惠信息

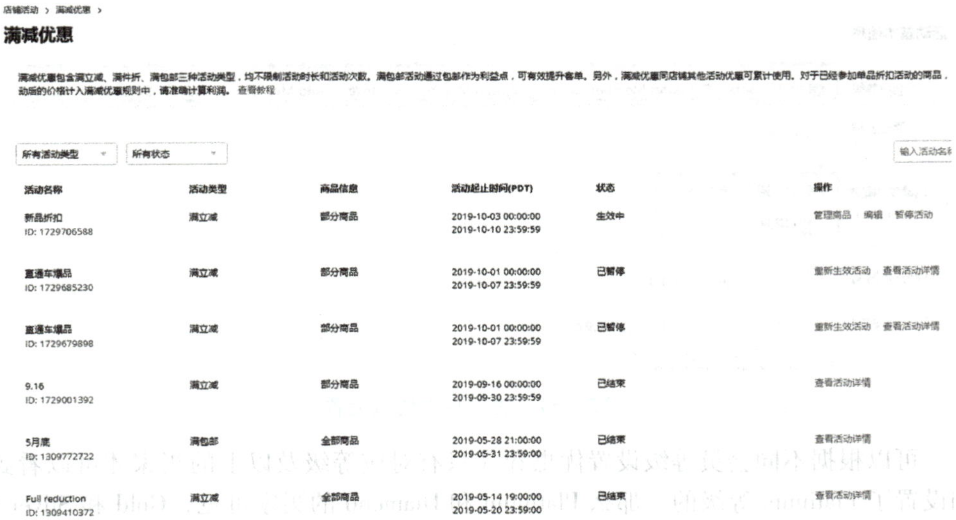

活动名称	活动类型	商品信息	活动起止时间(PDT)	状态	操作
新品折扣 ID: 1729706588	满立减	部分商品	2019-10-03 00:00:00 2019-10-10 23:59:59	生效中	管理商品　编辑　暂停活动
直通车爆品 ID: 1729685230	满立减	部分商品	2019-10-01 00:00:00 2019-10-07 23:59:59	已暂停	重新生效活动　查看活动详情
直通车爆品 ID: 1729679898	满立减	部分商品	2019-10-01 00:00:00 2019-10-07 23:59:59	已暂停	重新生效活动　查看活动详情
9.16 ID: 1729001392	满立减	部分商品	2019-09-16 00:00:00 2019-09-30 23:59:59	已结束	查看活动详情
5月底 ID: 1309772722	满包邮	全部商品	2019-05-28 21:00:00 2019-05-31 23:59:00	已结束	查看活动详情
Full reduction ID: 1309410372	满立减	全部商品	2019-05-14 19:00:00 2019-05-20 23:59:00	已结束	查看活动详情

图 5－38　管理满减优惠活动

（三）优惠券活动

店铺级优惠卡券，用于店铺自主营销。可以通过多种渠道进行推广，通过设置优惠金额和使用门槛,刺激转化提高客单价。优惠券可分为领取型优惠券、定向发放型优惠券、二维码发放型优惠券、金币兑换优惠券、秒抢优惠券、聚人气优惠券6种,以下介绍其中的4种。

1. 领取型优惠券

领取型优惠券用于在各种渠道发放,用户获取后可到店购买使用,这是引流、转化、拉新的有效手段。

第一步:单击"添加优惠券",进行活动设置,如图5-39和图5-40所示。

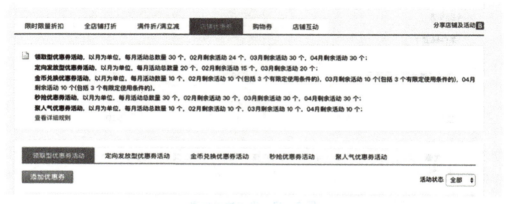

图5-39 添加优惠券

图5-40 活动基本信息设置

可以根据不同会员等级设置优惠券(只有对应等级及以上的买家才可以看到,如设置了Platinum等级的,那么Platinum和Diamond的买家可见,Gold和Silver的买家不可见);优惠券使用范围可以选择全店商品,也可以圈选部分商品;优惠券活动时间为美国太平洋时间。

第二步:优惠券领取规则设置,如图5-41所示。

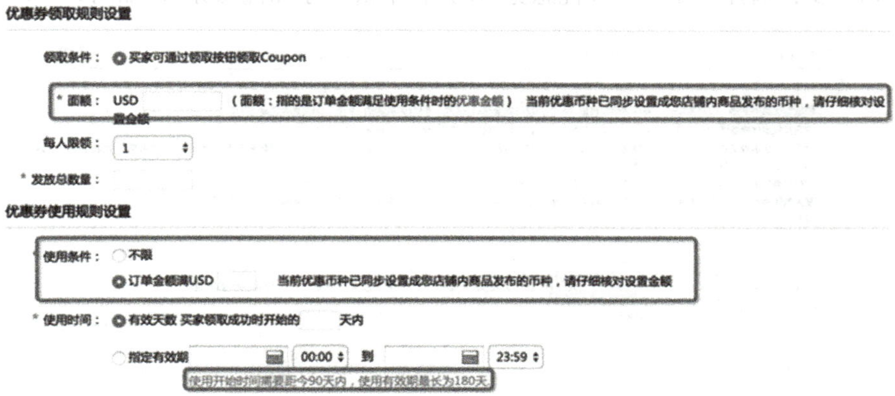

图 5-41 优惠券领取规则设置

目前优惠券领取规则设置已经同步商品发布的币种，请在设置"面额"和"使用条件"时，仔细核对金额。

①面额：指优惠券的优惠金额，若优惠券为满 X 美元优惠 Y 美元时，这里的面额指的是 Y。

②使用条件：可设置为不限（订单金额满优惠券面额+0.01）；满 X 美元优惠 Y 美元时，这里的订单金额指 X。

③有效期：有效天数指买家领取优惠券后多少天可以用；指定有效期指优惠券只能在设置的使用时间内使用，其他时间不可使用。

第三步：单击"确认创建"，即完成活动创建。

第四步：在 Sale Items 处查看前台展示效果，如图 5-42 所示。

图 5-42 查看展示效果

2. 定向发放型优惠券

这是针对指定用户发放的优惠券，凡是与店铺有过交易，加过商品到购物车或者 Wish List 的买家都可作为定向发放对象，用于人群定向营销。只需创建优惠券活动—选择发放对象—发放三步操作，便可利用优惠券实现新老买家的主动激活维护。

第一步：选择"定向发放优惠券活动"，单击"添加优惠券"，如图5-43所示。

图5-43 添加优惠券

第二步：填写活动基本信息，如图5-44所示。

①选择客户线上发放：直接给客户发放店铺优惠券，由卖家直接触发给予客户，这时候建议配合客户营销邮件一起给予买家进行优惠券的营销，刺激买家前来下单。

②活动名称：只卖家可见，不会同步到买家前台。

③活动使用范围：支持针对店铺内所有商品，以及店铺内定向商品使用。

④活动开始时间：即时生效。

⑤网站资源位曝光：勾选store club，则该优惠券可用于"粉丝专享活动帖"的设置。

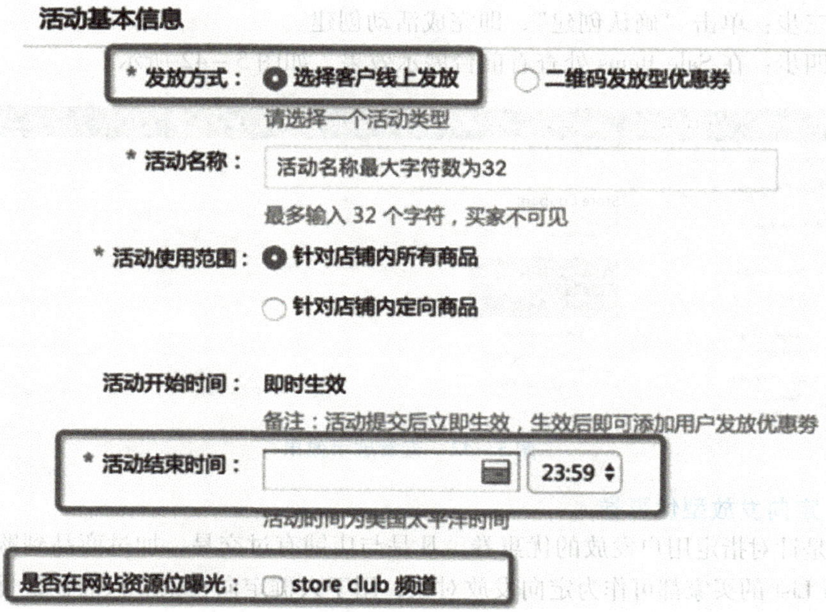

图5-44 填写活动基本信息

第三步：优惠券发放规则设置，如图 5-45 所示。

①面额：指优惠券的优惠金额，若优惠券为满 X 美元优惠 Y 美元时，这里的面额指的是 Y。

②使用条件：可设置为不限（订单金额满优惠券面额 + 0.01）；满 X 美元优惠 Y 美元，这里的订单金额指 X。

③有效期：指定有效期指优惠券只能在设置的使用时间内使用，其他时间不可使用。如图 5-45 所示。

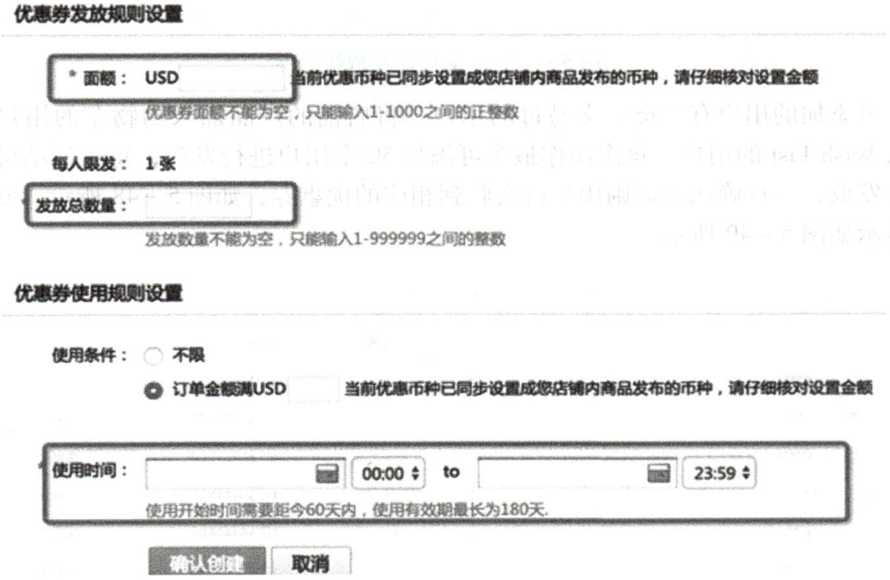

图 5-45　优惠券发放规则设置

设置完优惠券发放规则后，单击"确认创建"。

第四步：选择买家进行优惠券发放。

优惠券完成创建之后，最新创建的活动位于活动列表第一位，单击"查看活动设置"，如图 5-46 所示。再单击"添加用户发放优惠券"，选择用户进行发放，如图 5-47 所示。

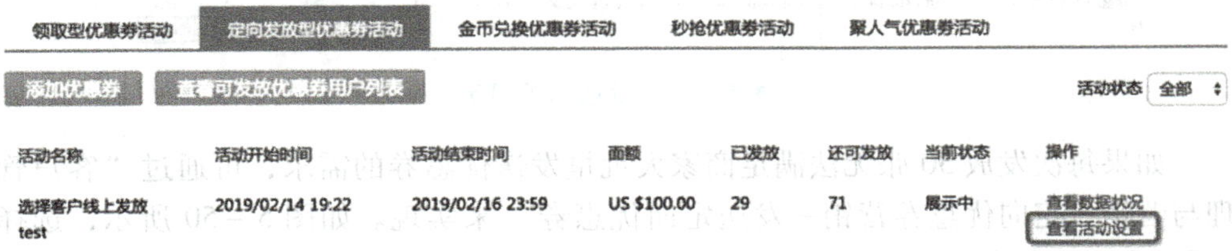

图 5-46　查看活动设置

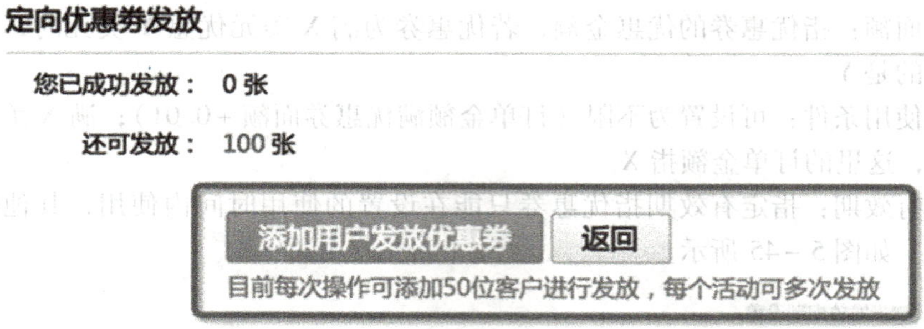

图 5-47　添加用户发放优惠券

可添加的用户有三类：交易过的用户、将店铺的产品加入购物车的用户以及加入 Wish List 的用户。每次操作最多可添加 50 个用户进行发放，每个活动可以分多次发放，一旦确认发放则用户就会收到相应的优惠券，如图 5-48 所示。发放结果显示如图 5-49 所示。

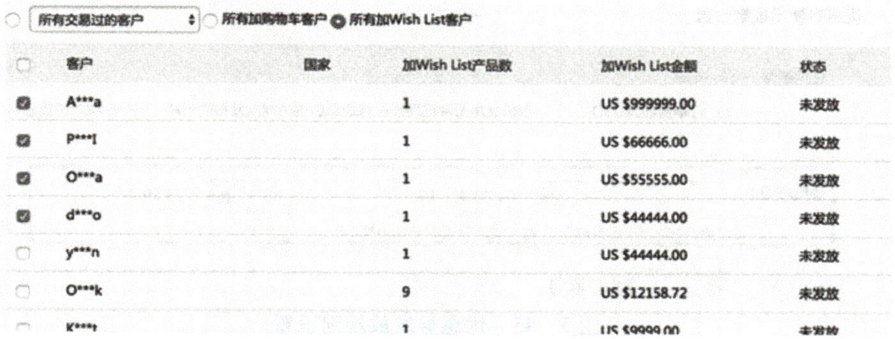

图 5-48　选择发放优惠券的用户类型

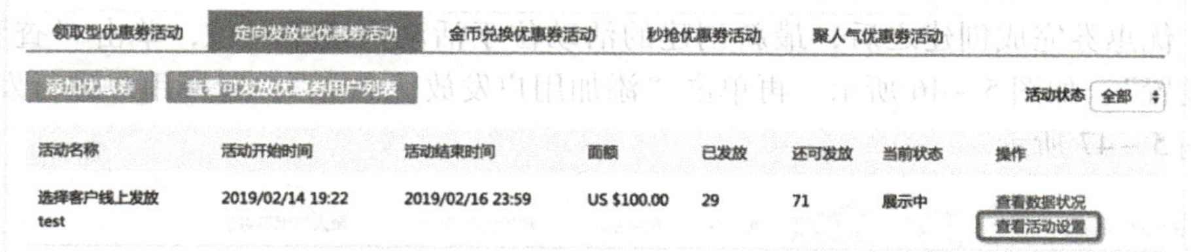

图 5-49　发送结果显示

如果每次发放 50 张无法满足商家大批量发送优惠券的需求，可通过"客户管理与营销—定向优惠券营销—发送定向优惠券"来实现。如图 5-50 所示，选择"添加客户"进行不同的客户分组，同时选择已经创建的优惠券，从而实现单次大批量发放定向人群的需求。

项目五　国际市场站内推广　　109

图 5-50　添加客户

3. 二维码发放型优惠券

二维码发放型优惠券即给予买家的是二维码，这种类型的优惠券建议可以搭配在发送给客户的包裹中，买家通过扫码的形式就可以领取到店铺的优惠券了。

第一步：设置优惠券基本信息，与前面设置方式一样，填写相应的优惠券的面额、发放总数量以及使用条件。单击"确认创建"则完成优惠券创建。

第二步：保存并下载店铺优惠券所属二维码，把二维码打印到包裹、发货订单等处或者投放到其他营销渠道中并引导买家进行扫码，如图 5-51 所示。

有效期与"选择客户线上发放"不同的是，活动结束时间与优惠券有效期结束时间相同。

注意：由于考虑到物流时间的影响，所以对应的活动结束时间和优惠券结束时间一致，须合理设置优惠券的使用结束时间，尽可能减少买家收到货之前已经无法领取店铺优惠券的情况。

4. 金币兑换优惠券

金币兑换优惠券用于速卖通 APP 的金币频道。速卖通金币频道是目前手机 APP 上高流量、高黏度频道。频道中包括了各类的游戏玩法和红包优惠，吸引着全球买家定期的回访和后续的转化。作为一个大流量的营销平台，卖家可以通过设置店铺优惠券或者报名参加金币全额兑换商品活动来吸引更多高黏度的买家到自己的店铺里。

如图 5-52 所示，用户在金币频道内，通过签到或者游戏获取金币，进而通过金币来兑换相应的权益，例如店铺优惠券。

110　国际营销理论与实战

图 5-51　二维码发放型优惠券

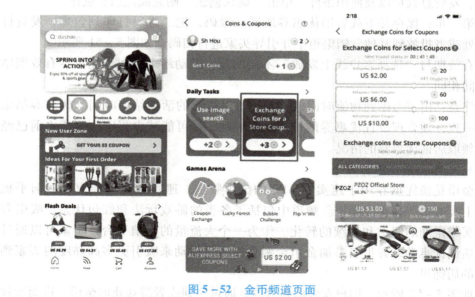

图 5-52　金币频道页面

第一步：单击"金币兑换优惠券活动"——"添加优惠券"，如图 5-53 所示。

图 5-53　添加优惠券页面

第二步：按照要求设置优惠券信息，创建设置说明同前，如图 5-54 所示。

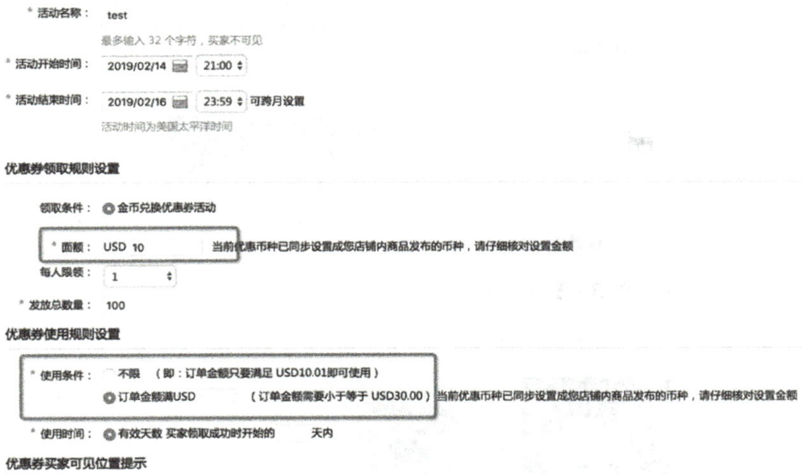

图 5-54　设置优惠券信息

需要注意的是，金币兑换的优惠券使用条件必须为 1∶3 以下，即（优惠券面额金额/优惠券订单）≤3，例如优惠券面额为 10 美元，那么优惠券订单金额最低为 30 美元，最高不限。

第三步：单击"确认创建"，完成活动创建，如图 5-55 所示。

设置完成后速卖通买家必须用手机端 APP 扫描二维码，即可直接访问金币频道。

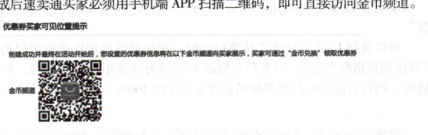

图 5-55　活动创建完成

（四）搭配活动

搭配活动指以一个主产品，搭配销售相关联的产品及其组合产品，给予客户价格上的优惠，从而提高店铺客单价，如图 5-56 所示。目前有两种套餐形式：手动创建搭配套餐和算法创建搭配套餐。仅支持无线客户端展示。

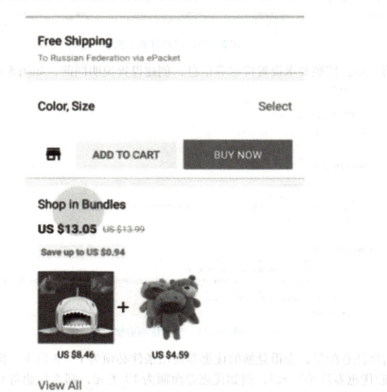

图 5-56　搭配活动页面

设定步骤如下：单击"产品管理"—"管理搭配套餐"—"创建搭配套餐"。

可以选择 1~4 个同店产品进行搭配，套餐可以设定优惠也可以为原价。选用"算法创建搭配套餐"，则平台会根据买家行为智能生成搭配套餐，如果不希望有优惠，则将智能创建的套餐价最低设为原价的 100%。

（五）互动活动

店铺互动活动：卖家可设置"翻牌子""打泡泡""收藏有礼""店铺拼团"四种互动活动，前三种互动活动必须放入粉丝趴（Store Club，详见下面内容）中才能展示，其中活动时间、买家互动次数和奖品卖家可自行设置。

(1) 翻牌子

如图 5-57 所示，一种九宫格互动活动，有 8 张牌对应 8 个不同的奖励，买家可以通过点击不同的牌获取不同的奖励，其中的奖励由卖家自行设置（可以有空奖）。一个买家一次只能点击一张牌，一个买家一天可以玩的次数由卖家自行设置。

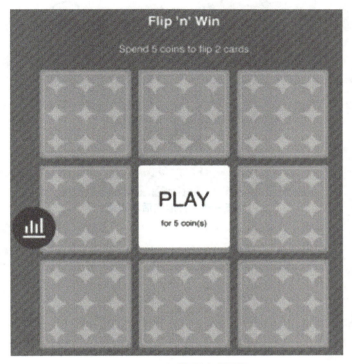

图 5-57　翻牌子活动页面

(2) 打泡泡

如图 5-58 所示，一种买家发射箭击破泡泡的互动活动，每个游戏有 18 个泡泡，其中的奖励由卖家自行设置（可以有空奖）。买家一局游戏只能互动一次，一个买家一天可以玩的次数由卖家自行设置。

(3) 店铺拼团

类似"拼多多"模式，客户在下单并付款后，将链接分享到社交媒体，邀请足够人数下单购买，即可以较低价格成交。具体步骤如下：

第一步，在"营销活动"中找到"店铺互动"，单击"创建拼团"，如图 5-59 所示。

第二步，编辑活动基本信息，包括设置活动名称、起止时间、拼团类型等，如图 5-60 所示。

图 5-58　打泡泡活动页面

图 5-59　创建拼团

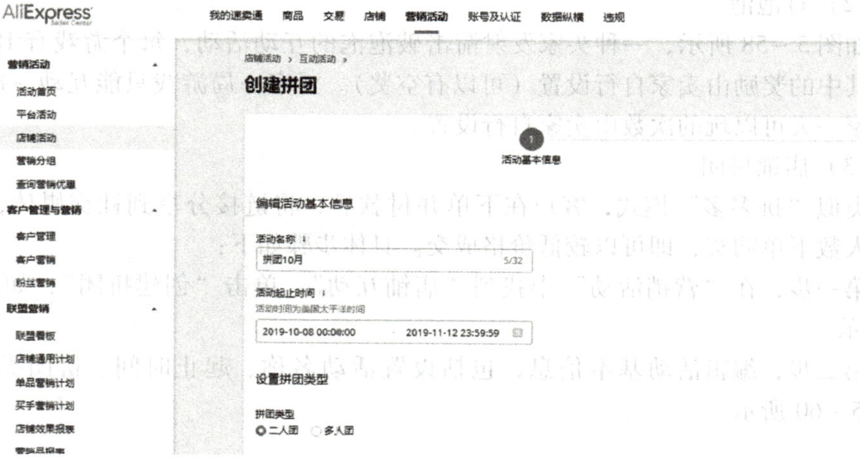

图 5-60　编辑活动基本信息

第三步，设置优惠信息，包括选择产品、设置折扣、设定库存等，如图 5-61 所示。

图 5-61 设置优惠信息

第四步，分享活动链接。选择手机 APP 端可使用的二维码或者 PC 端可点击的链接，并在社交媒体分享或装修到店铺中，邀请买家参加拼团活动，如图 5-62 所示。

图 5-62 分享活动链接

二、粉丝营销

粉丝趴是速卖通平台为广大卖家提供的粉丝营销阵地，功能类似淘宝的"微淘"，基于买家和卖家的关注关系进行内容展示。关注店铺的买家可以收到卖家发布的动态信息，包括店铺上新、买家秀、粉丝专享活动、导购文章等。此外获得了直播权限的卖家的直播视频也会同步展示到频道内，且支持买家对相应的内容进行点赞和评论。

（一）粉丝趴展示内容

Store Club 有两个阵地，其中一个是 Store Club 频道，入口位置在 APP 首屏的重要位置，位置示意如图 5-63 所示。

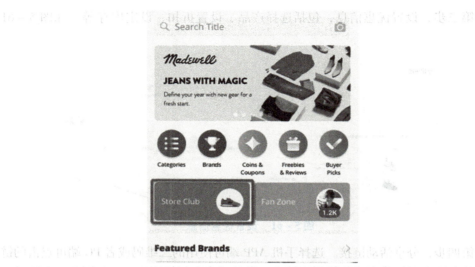

图 5－63　Store Club 频道入口位置

　　Store Club 频道内容分为发现（DISCOVER）和关注（FOLLOW）两部分内容，默认进入频道是 DISCOVER，里面展示的内容是粉丝趴优质卖家发布的营销内容，包括上新、粉丝专享活动、导购文章及活动等，以及其他所有卖家发布的优质内容，基于买家做个性化推荐展示，如图 5－64 所示。

图 5－64　DISCOVER 频道

另外 DISCOVER 下面还有两个推荐板块。一个板块是 Daily recommend store，里面包括三个维度的店铺推荐：本周销量最高、本周增粉最多以及本周点赞最多，具体如图 5-65 所示。另一个板块是 EDITOR'S PICKS，这个板块是频道内的运营活动内容集合地，如图 5-66 所示。

图 5-65　Daily recommend store 页面展示

图 5-66　EDITOR'S PICKS 页面展示

还有一个入口是店铺内的 Store Club 阵地，所有在速卖通粉丝趴后台发布的帖子内容都可以在店铺内获得展示。注意店铺内入口需要使用店铺装修 2.0 发布之后才能展示，具体入口如图 5-67 所示。

图 5-67　店铺内的 Store Club 入口

(二) 粉丝营销操作设置

单击"卖家后台"—"营销活动"—"客户管理"—"粉丝营销",进入操作页面后可以看到6个内容发布入口:上新帖、文章、粉丝专享价活动帖、清单帖、买家秀、社交平台帖子,如图5-68所示。

图 5-68 粉丝营销操作页面

①上新帖的发布流程。店铺上新内容发布相对比较简单,进入操作页面之后对上新主题进行简单描述,然后选择最近上新的产品后提交发布即可,如图5-69所示。

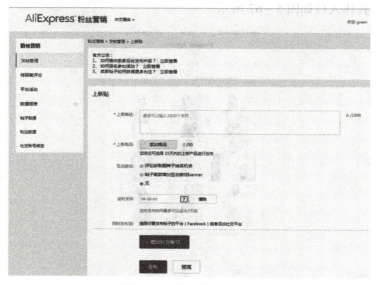

图 5-69 新帖的发布流程

上新帖发布需要注意的是：添加商品的数量需要控制，可添加 3～50 个新品；为了保证展示效果，建议选择商品数量 3/6/9 以上；尽量选择新发布商品；使用定时发布功能时需要注意，最多可以设为 7 天后发布；发布前请使用预览功能查看展示效果，确认无误后操作发布；可以选择添加互动游戏，如翻牌子或打泡泡等。

②文章的发布。文章部分功能可以有很多的玩法，可以发买家秀，发活动预告，发买家互动活动等。文章发布有两种情况：有粉丝专享优惠券的图文帖和无粉丝专享优惠券的图文帖。

有粉丝专享优惠券的图文帖多一个添加或者创建粉丝优惠券的操作（粉丝专享优惠券只会展示在图文帖下，店铺里面的优惠券入口不展示），如图 5－70 所示。然后依次添加封面，编辑内容即可。封面是展示消息流里面的图片，带不带文字都可以，上面有一些示例，图文帖中图片的建议尺寸是 750px×750px。

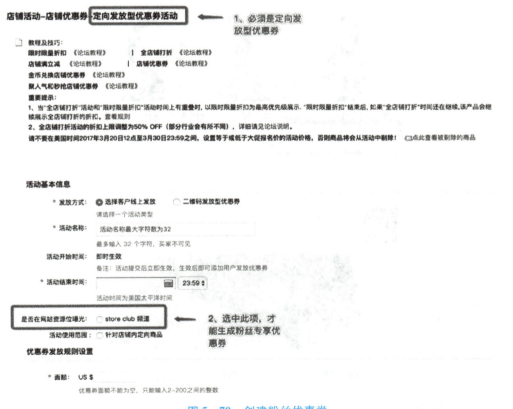

图 5－70　创建粉丝优惠券

③粉丝专享价活动帖发布。在粉丝专享价活动帖首页要创建一个限时限量的粉丝专享价活动，活动创建之后进入发帖入口，找到粉丝专享价活动帖单击进入。

单击选择粉丝专享价商品，进入粉丝专享价活动页面，选择已经创建好的粉丝专享价活动，确定提交，返回帖子内容页单击"发布"即可完成粉丝专享价活动帖子发布。

发布后频道里面的展示效果如图 5-71 所示，帖子内容区会展示 Fans exclusive Discount 字样。

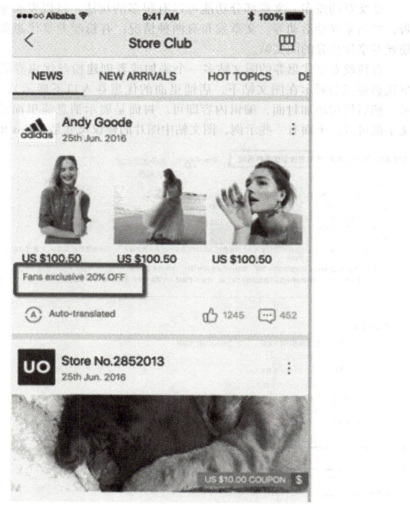

图 5-71　粉丝专享价活动帖子的展示效果

三、平台活动

平台活动是指阿里巴巴全球速卖通面向卖家推出的免费推广服务。卖家可以用符合招商条件的产品报名参选，一旦入选，产品就会出现在活动的发布页面，从而获得推广，如图 5-72 和图 5-73 所示。

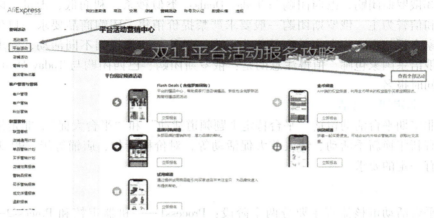

图 5-72　查看全部活动

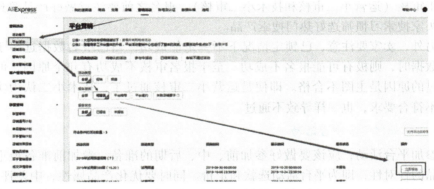

图 5-73　报名参加活动

（一）平台活动的种类

1. 定期平台活动

①Super Deal：全站唯一首页单品曝光，每周二招商，适合打造爆款。价格折扣根据不同品类有不同要求，一般要求价格折扣 99% off～35% off。店铺等级一勋-五冠，90 天好评率一般要求大于或等于 90%。全球免邮。Daily Deals 是 Super Deal 最具代表性的活动，是属于速卖通自己的聚划算。只要参与，基本能出单。而且每个卖家只能报名一个产品，同样要求 90 天好评率大于或等于 90%，全球免邮。

②Weekend Deal：每周四招商，周末显示。价格折扣根据不同品类有不同要求，一般要求 99% off～35% off。店铺等级一般要求新店-五冠，90 天好评率大于或等于 91%。Weekend Deal 每周精选产品定期定时在首页以大横幅广告展示，可

以获取很高的点击量，产品则是要求有销量且严谨提价打折。

③俄罗斯团购、巴西团购与 Today Deals：类似秒杀，利润低、走量，以抢曝光量和信誉为主。俄罗斯团购一般要求严禁提价销售，团购商品要求一口价；如果卖家有折扣大，库存多的商品优先考虑；另外，一般根据不同活动，要求俄罗斯或俄语系国家包邮。值得注意的是：俄罗斯团购、巴西团购与 Today Deals 活动不能同时报名。

2. 非定期平台活动

非定期平台活动包括"平台特定主题频道活动"和"平台大促"。非定期平台活动有新年换新季活动、情人节大促活动等，对价格折扣、店铺等级、90 天好评率都有一定的要求。

（二）平台活动审核

平台活动审核流程主要分两个阶段：Process1——机器审核和 Process2——人工审核。机器审核后，卖家可以在后台看到相关报名数据。当机器审核成功则交由人工审核（运营小二审核和技术小二审核）。报名之前要注意做好产品筛选，要根据买家搜索习惯筛选好热门搜索产品。

另外，卖家要注意，已锁定情况下不一定能成功。当已报名数据远多于活动需要数据时，则极有可能报名不成功。至于报名审核不成功有几个原因，但通常不通过的原因是主图不合格。即使是运营小二审核通过了，技术小二认为卖家的图片不符合要求，也一样导致不通过。

（三）如何参加平台活动

参加平台活动，应该要做好参加前、中、后期的准备。参加前准备最重要的是选品的针对性，即为平台活动选款和定价。同时要优化产品属性、中差评营销、提高产品评分，增加入选概率；做好 EDM 和 SNS 推广引流、CRM 营销、好评营销等；做好店铺装修、店招、海报、切片，做好产品关联；做好定向优惠券营销、收藏夹购物车营销等。

参加中准备直通车、满立减等。还要提高客服及时性，注意提高回复询盘、旺旺的速度等。

活动结束后应及时发货，做好售后服务。有条件的卖家应该提前打包好商品。

（四）平台活动选品和定价

选品是参加平台活动最重要的环节。平台选品主要考虑几方面，分别是好评率、出单数量、店铺转化率、产品转化率、纠纷数量、报名折扣、促销数量。

分析最近 Super Deal、Weekend Deal、俄罗斯团、巴西团购活动的产品风格和报价属性，选取店铺内有销量，纠纷比较少，转化有优势的产品进行报名。当然也可以根据活动需求，上传类似特征的新品进行报名。

定价方面，则要学会分析平台活动折扣要求，上传产品时应该确定利润率和折扣。

（五）上传产品注意事项

上传产品时应该注意产品图片和产品标题两个方面。平台活动的产品图片一般要求白底，尺寸推荐400像素×400像素。产品标题形式有"主核心关键词+属性词""热销+热搜/流量词"。

其中核心关键词包括产品主体，属性词包括材质、图案、颜色、款式、袖型、面料、装饰，流量词则是指热搜词。

标题应以主核心关键词和属性词为主，流量词为辅助；前32个字符为主核心关键词和属性词，前15~20个字符尽量都为核心关键词和属性词；要避免关键词在同一个标题里重复出现，多次重复的标题则会被系统认为是关键词堆砌，严重时会被系统处罚。

四、联盟营销

联盟营销主要是帮助卖家做站外引流的一种付费营销方式，按成交计费，先成交，后付费。加入联盟的商品会通过APP、社交、导购网站等站外渠道进行推广，若有买家通过联盟推广的链接进入店铺购买商品并交易成功，卖家需要支付佣金给联盟，支付方式为平台放款时自动扣除。

推广路径有站内和站外两种形式：站内——联盟专区；站外——网红、社交、搜索、营销邮件、SNS、垂直网站、弹窗广告、浮动广告等站外流量资源。

优势一，免费曝光，成交收费。联盟推广是按照CPS成交计费的推广方式，只有买家购买了商品才需要支付费用，不需要先充值，也不需要前期投入资金。

优势二，费用可控，效果可见。可自主选择推广的商品和设置不同比例的佣金，预算灵活可控。推广后效果清晰可见，为店铺带来多少流量、流量转化了多少订单、预计要支付多少费用，都清晰可查。

优势三，海量买家，精准覆盖。加入联盟的卖家可获得在不同国家、不同APP、不同社交或导购网站等站外渠道的海量推广资源，提升店铺销量及市场占有率。

【实战演练】

请为吉美商贸公司的速卖通店铺设计站内推广方案。

任务三　亚马逊站内推广

【相关知识】

一、亚马逊购物活动

亚马逊购物活动是亚马逊在每年的特定时期举办的促销活动。为推进这些活动,亚马逊会在相应期间推出其他推销举措(如促销),还会通过相关电子邮件广告和针对购物活动的其他营销措施来加大买家拓展力度。图5-74是一份营销日历,其中列出了全年购物活动时间表。

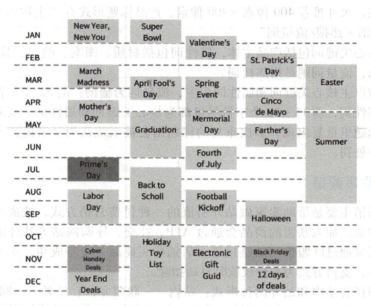

图5-74 亚马促销日历

对于品牌所有者来说,亚马逊购物活动是推销商品的有利时机,有机会吸引到大量新买家。具体而言,这些活动会在一年内的若干集中时段引导买家购买特定商品。亚马逊在推广这些购物活动时,卖家可借此机会推出其他营销措施,这些措施可以为本网站带来更多的购物浏览量。例如在1月份,买家通常会查找健身配件,因为很多买家都制订了新年健身计划。在每年的这个时段开展健身商品促销,可以帮助买家在其最有可能购物之时找到商品,从而大幅度提高销量。

二、秒杀活动

亚马逊上最受欢迎的页面之一就是 Daily Deals 页面。亚马逊用该页面来发布优惠券、折扣商品、秒杀(Deals)和今日特价(Deals of the Day)。不过对 Lightning Deals 和 Deals of the Day,卖家需要受亚马逊邀请才能参加。另外,Lightning Deals 促销的时间是有限制的,一共是4小时,打折的力度大,以7.5折为标准。

亚马逊的 Deals 功能很受卖家欢迎,不仅因为它可以给卖家带来更多的曝光量和流量,还因为它可以帮助卖家提高转化率,增加销量,清理库存。秒杀是最大的流量入口,可以给跨境卖家带来巨大的收益。设置秒杀后,系统会自动将该商品标记为亚马逊推销商品,并会考虑将其添加到活动登录页面,如图5-75所示。

图 5-75　亚马逊秒杀界面

要创建秒杀，按照以下步骤操作。

第一步，在广告下拉菜单中，单击"Deals"，如图 5-76 所示。

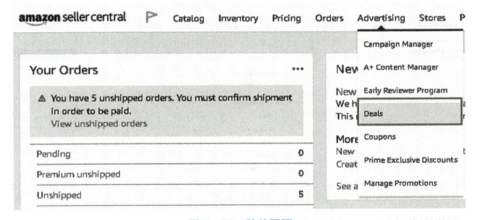

图 5-76　秒杀页面

第二步，在推荐中选择秒杀或者点击查看所有推荐。可能并不总有推荐，因此应时常注意查看，如图 5-77 所示。

图 5-77　创建秒杀

第三步，一旦确定秒杀商品，单击"编辑"或"高级编辑"按钮。

编辑按钮提供各种选项，用于编辑秒杀数量、秒杀价格、秒杀图片和秒杀计划。设置完秒杀参数后，单击"提交"进行秒杀审核；如果单击"高级编辑"按钮，则将转至"创建秒杀"页面以编辑商品变体等其他参数。请务必在提交前查看费用信息，亚马逊将根据具体商城和秒杀时间收取费用，且仅在秒杀活动结束后收取。如图 5-78 和图 5-79 所示。

图 5-78　确定秒杀商品

图 5-79　选择秒杀费用

创建完秒杀后,需要检查以下各项:
①确保拥有充足的库存,满足秒杀数量;
②确定秒杀计划后,请务必确认秒杀的具体日期和时间;
③监控秒杀状态;
④在秒杀计划开始的 24 小时前,可以随时使用控制面板取消秒杀。

三、亚马逊促销

亚马逊的促销(Promotions)包括以下几种形式:Free Shipping(免费送货)、Percentage Off(折扣)、Buy One Get One(买一送一)、External Benefits(买满再优惠)、Giveaway(赠品)。

以 Percentage Off 为例。Percentage Off 促销规则设置共分为三个步骤:步骤一为促销方式(Conditions)的设置,根据实际促销活动来填写;步骤二是活动时间(Scheduling)的设置;步骤三是一些附加选项(Additional Options)的设置。

1. Conditions 设置

这里主要需要设置 Buyer purchases、Purchased Items、Buyer gets、Applies to 以及 Advanced Options 五项内容。

（1）Buyer purchases 的设置

如图 5-80 所示，这个下拉菜单里有三个选项，可以根据实际的促销活动进行选择。

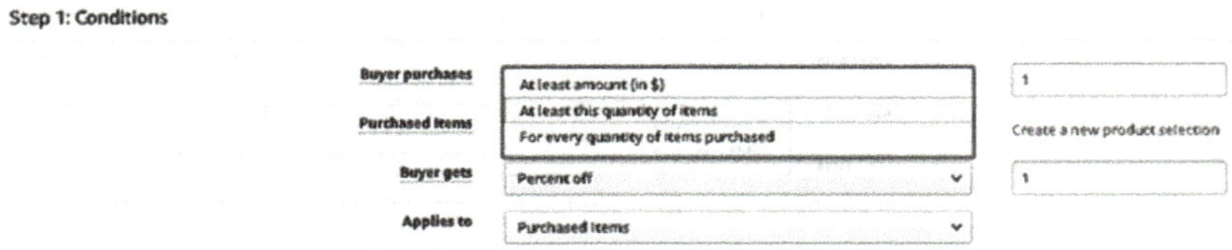

图 5-80　Buyer purchases 的设置

（2）Purchased Items 的设置

如图 5-81 所示，卖家在这里选择哪些产品才享有促销，就是选择要参与促销的产品。如果只对在售商品中的部分商品做促销，需要先创建产品列表，以便系统可以识别出来是哪一些产品包含在促销的内容里面。可以给系统提供 SKU 列表、ASIN 列表、品牌名称等，也就是说，可以从不同的角度来创建卖家想做促销的产品列表。

图 5-81　Purchased Items 的设置

（3）Buyer gets 的设置

如图 5-82 所示，这是对买家的优惠，也是促销的点之所在。

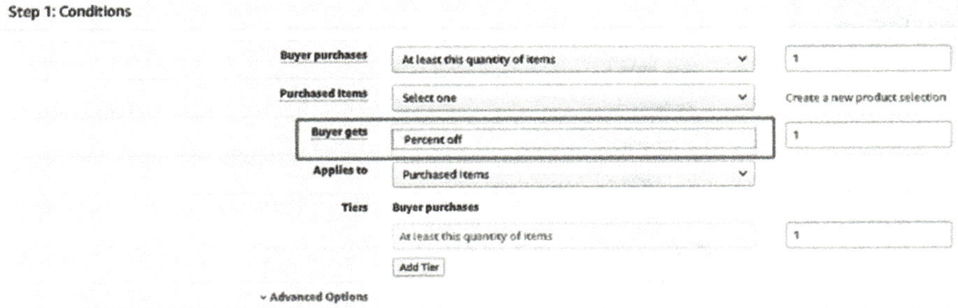

图 5-82　Buyer gets 的设置

Percent off：打折，即享受多少折的折扣优惠。比如，如果你想打九折，后面框内就填上数字 10，想打 95 折，后面框内填上数字 5。

（4）Applies to 的设置

如图 5-83 所示，卖家在这里选择哪些产品可以享有这个促销，有两个选项。

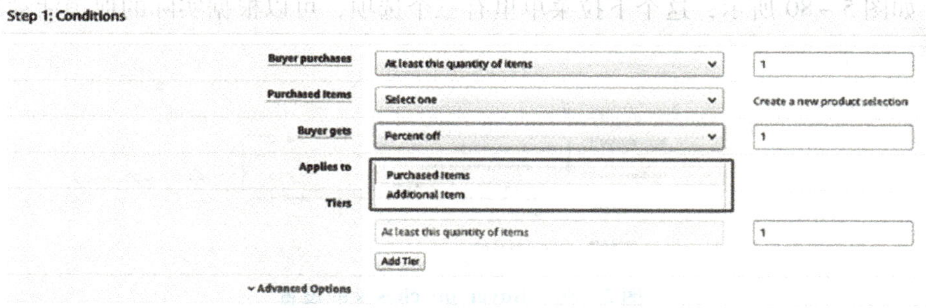

图 5-83　Applies to 的设置

①Purchased Items（购买的商品）。一般默认的就是该选项。但如果在 Buyer purchases 选项中选择了"For every quantity of items purchased"，此时选择该选项时，需要填写如下信息，如图 5-84 所示。

图 5-84　填写 Tiers 信息

②Additional Item（额外指定的商品）。如果选择了这个选项，单击"select an ASIN"，表示当买家购买了某个选定的产品后才能享受优惠，如图 5-85 所示。

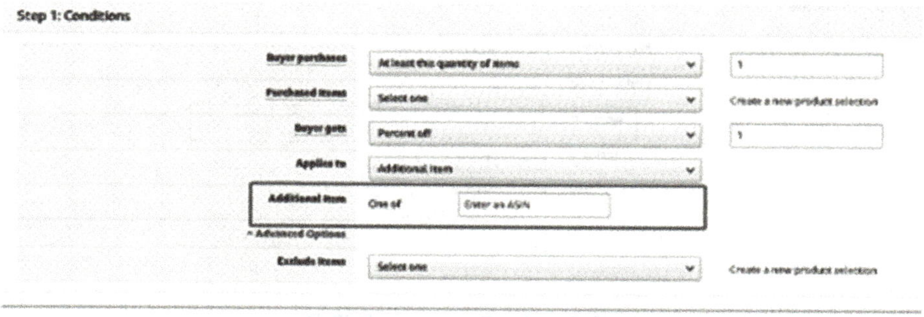

图 5-85　Additional Item 的设置

（5）Advanced Options 的设置

在这里可以根据需要，添加多个促销的区间，比如满 50 元减 5 元，满 100 元减 15 元等，如图 5-86 所示。

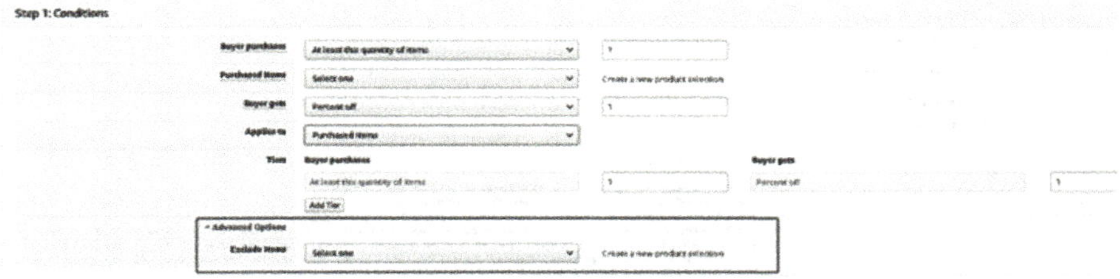

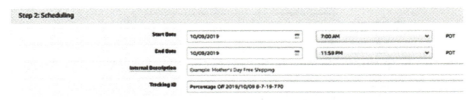

图 5-86　Advanced Options 的设置

2. Scheduling 设置

这个比较简单，就是设置促销的起止时间。这里需要注意的一点就是，促销活动创建之后 4 小时才会生效。此外，这个时间是美国时间。

如图 5-87 所示：①Start Date，开始时间；②End Date，结束时间；③Internal Description，促销识别名称，用来区分促销活动；④Tracking ID，促销追踪编码，这个不会显示给买家，仅供卖家内部使用。

图 5-87　Scheduling 选项

3. Additional Options 设置

这个附加选项部分主要用来完善促销活动，如图 5-88 所示。

图 5-88　Additional Options 设置页面

单击"Claim Cade"，如图 5-89 所示。

①Claim Code：促销优惠码。主要用来限制买家使用以取得优惠。勾选后，买家在结账时需要输入优惠码才能享受促销优惠。单击后进行设置。

②Customize messaging：卖家自定义信息。这是专门创建给买家的信息，并设置展示的先后顺序。

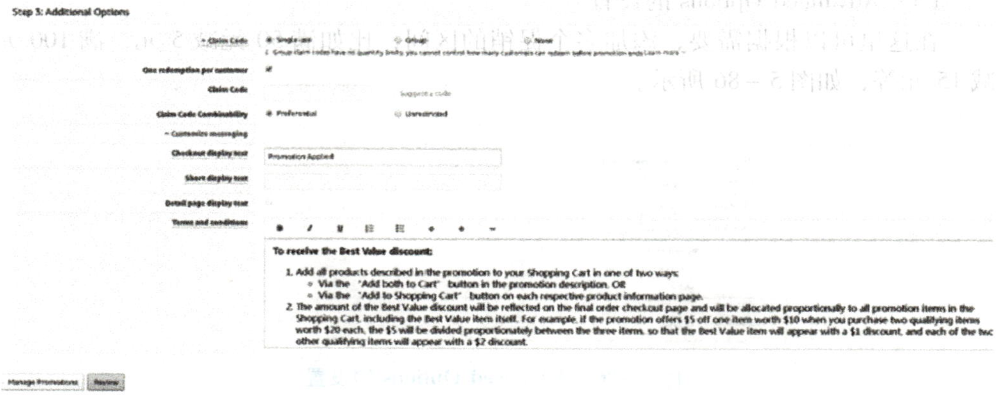

图 5-89　Additional Options 选项

4. 预览并提交

在设置好以上促销的所有信息后，单击促销活动页面最下方的"Review"（查看），对所创建的促销活动有一个整理的预览检查，确认无误后，单击"Submit"。此时，就完成了促销活动的创建，如图 5-90 所示。

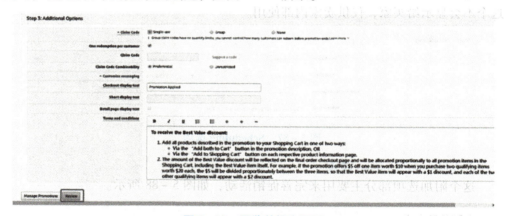

图 5-90　预览并提交页面

【实战演练】

请根据亚马逊活动日程表，为吉美商贸公司的亚马逊店铺制定合时宜的促销活动。

项目六

国际市场站外推广

项目背景

吉美商贸公司认识到在营销4.0时代，开拓国际市场不能仅仅依靠网络平台的引流，还需要利用EDM、SEM、社交媒体、展会等多渠道开展站外引流与推广。小王跟随营销团队，开始了站外引流方案的制定与实施。

学习目标

1. 了解站外引流的主要方法；
2. 能利用EDM平台进行企业推广；
3. 掌握SEM营销的主要手段；
4. 能利用社交媒体开展内容营销；
5. 能策划一场展会推广方案。

知识导图

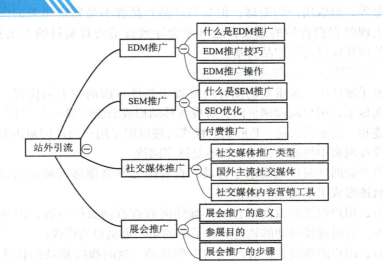

任务一　EDM 推广

【相关知识】

一、什么是 EDM 推广

EDM（Email Direct Marketing），又称许可式营销，与早先的邮件营销不同，EDM 是获得用户许可或订阅之后，向用户发送邮件，而非无方向地发广告邮件。EDM 是当前外贸业务中最有效的营销方式之一。通常在欧美文化中，邮件在交流中占据了很重要的地位，手机 APP 的广泛运用，更让使用邮件像使用 QQ 那样便捷。如果邮件内容（文案）好，国外用户更加不会对广告邮件产生太大的抵触心理。根据相关资料显示，世界 500 强企业中有 75% 的企业通过邮件进行营销，可见邮件营销适应了国外文化得天独厚的环境。

二、EDM 推广技巧

通过创新邮件推广内容，可以很好地提升邮件的质量。那么如何创作优秀的邮件推广内容呢？主要有以下几个技巧。

（一）选择会讲故事的优质图片

一幅优质的图片寓意无穷，影响力自然无法估量，但是如何才能摆脱不恰当的图片应用，让图片真正地发挥积极价值呢？

1. 支撑产品的图片

有些营销人员喜欢在电子邮件内容中放一些流行的图片，如明星照片、最热卡通形象等，博取用户的眼球；但是与产品和品牌不是紧密相关的图片，需要用户试图去理解它们背后的意义，这可能会导致营销的真实目的无法兑现。所以，选择邮件图片应以支撑产品为基点。

2. 重要图片放在邮件页面的左上角

在电子邮件中，最重要的图片应放置于邮件页面的左上角位置。有关视线追踪的数据显示，用户阅读网页内容时视线移动形成的轨迹像一个"F"形状：两条水平轨迹和一条垂直轨迹。F 形状的视线轨迹说明了用户阅读网页内容的方式：他们的视线在网页中快速地移动，而不是逐字阅读。

用户开始阅读时视线是水平移动，查看的是网页顶部区域的内容。这时视线移动的轨迹形成了 F 的第一道横线。

然后，用户视线稍微向下移动，继续向右查看网页的内容，但查看的区域比第一次少。这时视线移动的轨迹形成了 F 的第二道稍短的横线。

最后，用户的视线在内容区域的左侧移动。这时视线移动的轨迹形成了 F 的竖线。

很明显，用户视线扫描内容形成的热力图并不总是 F 形状，有时候会形成 E 形状，有时候会形成 L 形状，如图 6-1 所示。因此，不同的内容布局形成不同的热力图形状，F 形状的阅读模式不是精确的。但总的来说，热力图通常会形成 F 形状，即使两条横线相距较远，或者较粗。

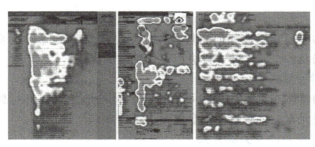

图 6-1 视觉热图

3. 掌握视觉运动方向

在阅读中，用户的眼睛将随着主要视觉运动方向进行转移。在进行内容位置设计时需要确保用户的朝向方位与期望他们关注的下一个内容区域保持一致，以便更好地管理及引导用户的注意力。

4. 使图片脱颖而出

不要在电子邮件中漫无目的地使用一张图片，如果使用图片，就要使它发挥出有效价值。应区别于大家一贯使用图片的做法，可以打破规则，改变图片形状、颜色等元素，让图片看起来独具特色。

5. 无图片也有真相

有些邮件客户端和用户屏蔽了自动显示图片功能，订阅者可能会接收到无法正常显示图片的电子邮件，所以要确保邮件在无法展示图片的情况下仍然包含所有必要的信息。

（二）创建带有鼓动性的文本内容

邮件是与用户建立和保持长久关系的重要渠道，文本内容是邮件最基本和重要的组成部分，也是影响用户的关键元素，因此文本内容需要注意以下几点。

1. 带有吸引力和鼓动性的语言

文本的创作方法和技巧有很多，带有吸引力和鼓动性的语言是其中一个方法。当然能同时满足用户和企业需求的文本才能算成功的文本，如果文本成功地抓住了用户的眼球，但是并没有刺激用户向企业期望的那样采取行动，那么文本的内容依然还需要斟酌。

2. 保持简单的电子邮件文本

你的邮件只是用户收件箱数以百计的邮件中的一封，因此电子邮件中的营销活动应让用户一目了然地看到最简单和最相关的内容，而不是堆砌各种华丽辞藻和繁复设计。

3. 正确对待社交媒体按钮

不要盲目相信社交分享的功能，需要根据数据评估邮件中插入的社交分享按钮是否达到预期效果，否则，需要创建特殊的电子邮件活动来鼓励和提升社交分享。

（三）优化邮件布局

一封有效的电子邮件该如何布局呢？为了创建特殊的邮件内容，需要对电子邮件的整体布局及各个元素的安排进行更加细致的优化。

1. 设计邮件整体布局

设计邮件的整体布局，让用户可以快速、轻松地扫视邮件标题、图片、呼吁行动和其他重要元素，了解邮件全盘概要。

2. 创建吸引用户注意力的开头

在电子邮件营销中，争夺用户的注意非常激烈。用户可能不会阅读全部邮件内容，但是至少会看到电子邮件开头或每节开始的一部分。因此，利用创意图片、提问、巧妙语言等方式创建一个引人注目的开头，可以带来意想不到的效果。

3. 说服用户

在引起用户的关注之后，要确保用户理解和明白参与邮件互动的重要性，而让用户参与行动的关键在于在邮件布局中突出展示邮件能给用户带来的益处和价值。

4. 突出重点和目的

许多营销人员希望在一封邮件中传递所有的内容信息，也有营销人员希望尝试在邮件中实现多重目的，但结果是用户抓不住重点或产生厌烦。在邮件布局中，突出重点内容和保持目的的鲜明性，可以让用户更快地完成阅读。

5. 分割布局

一般而言，市场营销人员在一封邮件中需要同时推广多个产品，在这种情况下，可以把电子邮件布局分割成更小的块，每一块的布局参照整体布局，要求开头具有吸引力、内容主体具有说服力、结尾具有行动号召力。

电子邮件不仅仅是一个简单的沟通渠道，它同时也为营销人员和用户之间创造了互动的机会。运用创造性的邮件内容，能够让营销活动更好地到达目标用户和吸引他们积极参与。通过对图片、文本和布局等基础元素采用特殊技巧编排，创建让人印象深刻且可带来积极效果的电子邮件内容，邮件营销将获得更好的效果。

三、EDM 推广操作

EDM 推广需要选择专业的 EDM 平台。网上有许多免费好用的 EDM 平台，这里主要以 EDM 平台为例，讲解操作过程。

EDM 广告语——简单易用的邮件营销平台。无论是市场营销、在线促销、新品上架都能助用户简化创建邮件的活动。无论用户是使用电脑还是使用智能手机，

EDM 简讯都能适应并完美呈现，这样便能多获得 42% 的新读者，达成更多交易。EDM 全程实时跟踪，数据图表完整，一目了然。无论是自营企业还是代理机构，都能满足它们的需求。

1. 登录

PC 端登录 www.edm.cm，注册并登录，如图 6-2 所示。

图 6-2　登录 EDM 界面

2. 设置发件人基本信息（图 6-3）

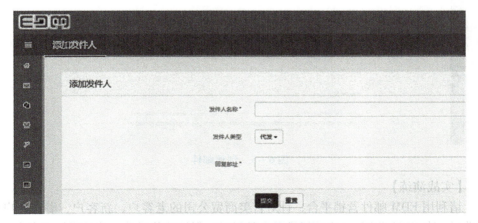

图 6-3　设置发件人基本信息

3. 添加管理联络人

可以分组管理，也可以个别添加，用 excel 表格直接导入名单，如图 6-4 所示。

图 6-4 添加管理联络人

4. 创建邮件

可选择一般电子邮件或 RSS 电子邮件。一般电子邮件的创建步骤为：设置—模板选择—创建邮件—定时发送，如图 6-5 所示。

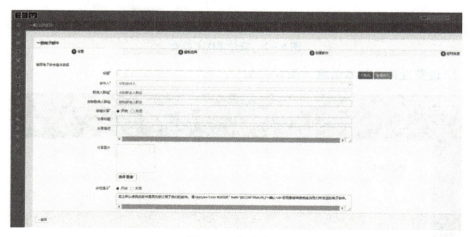

图 6-5 创建邮件

【实战演练】

请利用 EDM 邮件营销平台，针对吉美商贸公司的老客户、新客户、潜在客户分别进行一次 EDM 营销。（可选择推送产品目录、促销特价活动、节日问候等内容）

任务二 SEM 推广

【相关知识】

一、什么是 SEM 推广

SEM 是 Search Engine Marketing 的缩写，中文意思是搜索引擎营销。SEM 是一种新的网络营销形式。SEM 所做的是全面而有效地利用搜索引擎来进行网络营销和推广。SEM 追求高性价比，即以最小的投入，获得最多的来自搜索引擎的访问量，并产生商业价值。简单地说，SEM 就是为了使用户在搜索引擎中搜索相关关键词时，结果页中能够出现与企业有关的信息，这些信息可以显示在站内也可以显示在站外。SEM 主要有 4 种手段，分别是 SEO、竞价排名、搜索引擎底层营销和站外优化。

搜索引擎优化（Search Engine Optimization，简称 SEO）是一种利用搜索引擎的搜索规则来提高目的网站在有关搜索引擎内排名的方式。通过 SEO 这样一套基于搜索引擎的营销思路，为网站提供生态式的自我营销解决方案，让网站在行业内占据领先地位，从而获得品牌收益。研究发现，搜索引擎的用户往往只会留意搜索结果最前面的几个条目，所以不少网站都希望通过各种形式来影响搜索引擎的排序，当中尤以各种依靠广告维生的网站为甚。所谓针对搜索引擎做最佳化的处理，是指要让网站更容易被搜索引擎接受。

对于两者的关系，可以理解成父与子的关系，SEO 包含在 SEM 当中。

二、SEO 优化（图 6-6）

（一）网站及页面优化

网站及页面优化主要包括以下几方面：
①合理的域名设计、服务器选择；
②方便的网站栏目规划；
③遵循 HTML 结构化标准的设计；
④注重网页代码简洁，以提升页面打开速度及方便蜘蛛程序抓取；
⑤尽量使用静态网址，若不得已使用动态网址，尽可能只带有一个参数，以降低搜索引擎的抓取难度；
⑥导航系统清晰，可建立展示网站所有内容的网站地图；
⑦使用加粗、加大字体等方式突出关键词；
⑧远离搜索引擎不友好因素，如 Flash、JavaScript 等。

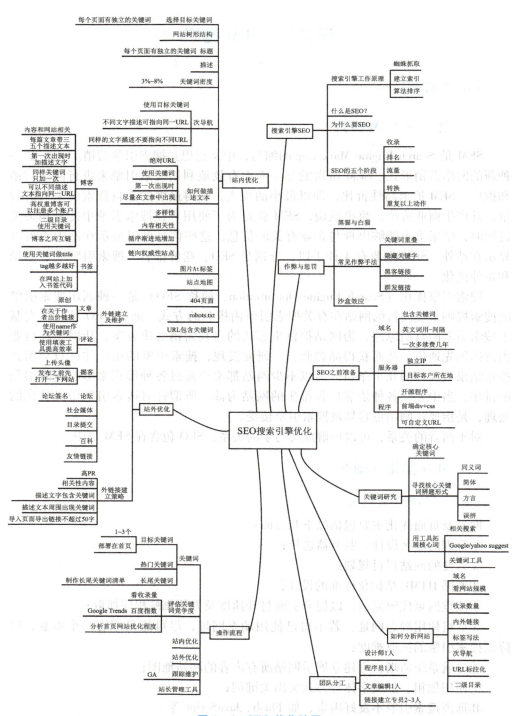

图 6-6 SEO 优化脑图

（二）关键词优化

1. 关键词选择

跨境电商买家在搜索引擎查询感兴趣的内容，就需要搜索关键词，因此，关键词分析及选择是搜索引擎优化最重要的工作之一。关键词的选择需要对产品特性及用户特点充分了解，站在用户的角度思考，分析用户搜索习惯，并结合对竞争对手的关键词分析，选择适合的关键词。同时，一个网站的关键词不易太多，通常五个左右较为适宜，并针对这些关键词持续优化。

研究关键词可借助一些付费及免费的工具，如 Google Trends。Google Trends 可以清晰地看到最近几年的热门关键词，关键词在哪些国家热门；Google 关键词工具 Adwords，可展现关键词搜索热度、每月点击率，并列出相对的长尾关键词和类似关键词。

2. 关键词布局

在网站建设中，可为不同关键词设置专门的登录页面。如果不同关键词都在一个登录页面，对访问者来说没有针对性，那么他只能在浩如烟海的信息中寻找他感兴趣的东西。所以有必要针对不同的用户群设计不同的登录页面。例如用户搜索"打折数码相机"，如果某个子页面重点做"打折数码相机"这个关键词，那么用户一进来就看到自己感兴趣的信息，就会好好去了解这个页面传达给他的信息。如果不专门设计这个登录页面，用户搜索"打折数码相机"就会进入一个综合页面，或者进入"高端数码相机"的页面，这样也许网站排名很靠前，流量很多，但是并不能带来高的转化率，无形中降低了 SEO 的效率。

如果不设计专门的登录页面，多个关键词混用，有的时候可能会遇到不晓得搜索哪个关键词会出现哪个页面，会很混乱。如果一个关键词设计一个登录页面，做 SEO 则会很有条理，做外链的时候会很轻松。今天做哪几个关键词，明天会根据公司情况重点推那几个页面，如果临时进行打折促销活动，也不会和平时做的页面冲突，可以放心地加大力度去推这个页面。所以为各个想优化的关键词设计不同的登录页面是非常重要的。

3. 关键词密度

关键词密度，也叫关键词频率，用来衡量关键词在网页上出现的次数与其他文字的比率，用百分比表示。关键词密度计算公式为：关键词密度 = 页面关键词数量/页面所有词汇数量。关键词密度并不是越高越好，跨境电商卖家需注意避免造成毫无意义的关键词堆砌，一般认为关键词密度以 3% ~ 8% 为宜。

4. 关键词位置

根据搜索引擎自身工作特点，它会特别关注网页中的某些特定位置，因此，在这些位置布置关键词将起到事半功倍的效果，主要包括：

① URL 统一资源定位符；
② Title（标题）、Description（描述）、Keywords（关键词）标签；
③ 网站导航、栏目名称、文章标题；

④网页顶部、底部、段首；
⑤链接锚文本；
⑥文章。

（三）标签优化

1. 标题标签

标题标签反映一个网页的主题，由单词、短语组成。尽可能为网站的每一个网页创建唯一的标题标签；标题标签不宜太长，否则搜索引擎只会在搜索结果中显示其部分内容；若为长标题可包含 1~2 个关键词，且关键词不宜离得太近。

2. 关键词标签

通常情况下一个网站以 5 个左右关键词为宜，多个关键词以逗号隔开。

3. 描述标签

提供网页总括性的描述，由一两个语句或段落组成，可在描述中合理加入关键词。

4. Heading 标签

Heading 标签即 H 标签，在 HTML 语言中共包括 H1~H6 六种 H 标签。H1 代表大标题，H2 代表小标题，依此类推。H1 标签一般在一个页面中出现一次，最重要的关键词设置在 H 标签中。

5. Alt 标签

相比文字，搜索引擎读取图片较为困难，因此尽量为网站内每张图片编辑 Alt 属性。Alt 属性编写应使用简短且描述性强的 Alt 文本。

（四）内容优化

内容是一个网站/网页的灵魂，网站的实质内容是搜索引擎优化的本质因素。对于内容优化方面，需站在用户的角度思考，根据目标用户需要的内容确定网站明确的主题。围绕主题开展创新特色、形式丰富、结合热点、持续更新的内容建设。同时，在内容建设中，需特别注意不时将关键词以合理的方式点缀其中。

（五）链接优化

1. 内链优化

良好的内部链接结构，不仅方便跨境电商买家浏览，也为搜索引擎索引页面提供方便。内链优化需注意以下几点：
①网站内部所有子页面均有指向首页的链接；
②尽量将站内所有重要页面之间进行两两互联；
③页面出现关键词文字，可用来链接相关主题的页面；
④尽量使用文字链接，少用图片、Flash 链接；
⑤保存链接的稳定性和持久性，当有链接更新时，注意保留原页面，并做好链接转向，以保存内容的连续性；
⑥清除网站中的死链。

2. 外链优化

在外链优化上，跨境电商卖家需重视外部链接的质量，而不仅仅是数量。外链优化主要包括以下三种途径。

①自建链接。可在重要行业网站发表带有网站链接的软文，也可发表评论。这种方法看似简单，但贵在坚持，如果能持之以恒则效果非常明显。

②交换链接。友情链接即属于此类，企业可以找一些与本网站内容相关、搜索引擎收录良好的网站进行链接交换。并注意链接的稳定性，可不定期回访友情链接网站，以确认对方网站是否正常运行、自身网站链接是否被取消、是否有链接错误等可能出现的问题。

③购买链接。很多网站在网页级别（PR）即将更新的时候购入大量高质量的外链，网页级别更新会变得更高，这也是一种见效较快的方法。当然，是否需要购买外链，可先确定自己的盈利点，如果仅仅排名提高并不能带来真实的转化则没有必要购买。

三、付费推广

在 SEO 的基础上，跨境电商卖家还应根据需要合理选择及运用相关付费推广方式以达到搜索引擎营销的最大效果。目前，全球主流搜索引擎付费推广方式主要包括以下几种。

（一）目录索引

目录索引，就是将网站分门别类地存放在相应的目录中，当用户查询信息时，可选择关键词搜索，也可按分类目录逐层查找。根据各目录索引的不同要求，可以采用付费的方式使自身网站被其收录。

（二）竞价排名

关键词排名是一种在搜索引擎搜索结果中以字、词、词组的相关性体现网页排名的方式，可分为关键词自然排名和关键词付费排名服务两种。关键词自然排名一般是搜索引擎对所有相关网页抓取结果自动分析、自动排名的体现，一般可以通过 SEO 来达到关键词自然排名的提升。关键词付费排名服务是由各搜索引擎提供的一种有偿排名服务。

竞价排名是一种按效果付费的网络推广方式，包括两个关键点，即按竞价排名及按效果付费。排名顺序主要由两个因素决定，即出价及质量得分。出价即广告主愿意为该广告位所付出的最高费用，由广告主自行设置。质量得分由搜索引擎系统自动根据广告主的网站表现做出判断，包括历史数据、账户质量、点击率、相关性、网站质量等方面。竞价排名公式为：竞价排名＝出价×质量得分。

（三）固定排名

固定排名是一种收取固定费用的推广方式。企业在搜索引擎购买固定位置，当用户进行关键词检索时，企业的推广内容即会出现在搜索结果的固定位置上。

固定排名是相对于竞价排名而言的，区别就在于固定排名的费用一定，位置固定。固定排名和竞价排名都是关键词广告的一种形式。不同的搜索引擎服务商会采用不同的付费排名模式，有的采用固定排名模式，有的采用竞价排名模式，有的两种模式都采用。一般来说，市场占有率高、企业广告资源丰富的搜索引擎服务商采用竞价排名模式；而市场占有率低、企业广告资源匮乏的搜索引擎服务商采用固定排名模式。

（四）关键词广告

关键词广告，是当用户利用某一关键词在搜索引擎进行检索时，在检索结果页面会出现与该关键词相关的广告内容。由于关键词广告是在特定关键词的检索时才出现在搜索结果页面的显著位置，所以其针对性非常高，是一种性价比较高的网络推广方式。不同搜索引擎的关键词广告显示位置各不相同，有些出现在搜索结果最前面，有些出现在搜索页右侧等专用位置。关键词广告为点击付费广告，即按用户点击次数收取广告费。

【实战演练】

请为吉美商贸公司设计搜索引擎营销整体方案。

任务三　社交媒体推广

【相关知识】

（一）什么是社交媒体推广

社交媒体是人们彼此之间用来分享意见、见解、经验和观点的工具和平台。社交媒体推广是大批网民自发贡献、提取、创造新闻资讯，然后传播的过程，它具有两个特点：一是人数众多，二是自发传播。

在境外营销中，不管是产品营销还是客户服务解决，社交媒体都扮演着关键的角色。社交媒体推广往往有以下几种形式。

①社交媒体广告。是指在社交媒体平台上为用户提供的广告。社交网络利用用户信息，在特定平台的互动基础上提供高度相关的广告。在很多情况下，当目标市场与社交平台的用户统计数据相一致时，社交广告可以以较低的获取成本实现转化率和销售额的大幅度提高。随着智能手机的不断普及和APP应用的推广，社交平台用户逐渐从PC端向移动端迁移，与此同时，各大社交平台不断进行商业试水，纷纷推出视频广告，对于各大零售商和品牌来说，社交媒体营销变得越来越重要。

②内容营销。在社交媒体发达的今天，热点话题和创意内容变得十分稀缺，而品牌公关的本质是通过事件营销和内容营销，吸引用户参与，从而加深用户对品牌的认知。内容营销往往跟网红联系在一起。

③社交媒体购物。随着社交购物功能的改善，社媒平台不再仅仅是一个广告渠道，越来越多的消费者开始在社交媒体平台上直接购物。2018 年 11 月 15 日，图片社交媒体 Instagram 宣布在购物季来临之前推出三种新的购物功能：商品收藏、快拍视频购物和商家主页购物功能，以满足用户在其平台上的购物需求。

不过因为不同社交平台有着不同特点，用户情况也各不相同，要想得到好的营销效果，零售商和品牌首先应该了解各平台用户情况，再根据自身需要选择合适的平台。

（二）国外常用社交媒体

①Facebook：Facebook 的日流量让其他所有的网站望尘莫及。Facebook 目前拥有 6 亿用户，其中有 2 亿经常使用手机登录。

②Google Plus：诞生于 2004 年，是 Google 进入社交领域的第一个产品，虽然都说整体上是失败的，但是流量仍然不可小觑。Google Plus 在巴西及印度仍然十分流行，而且访问量也在持续上涨。

③Twitter：诞生于 2006 年，它是即时信息的一个变种，允许用户将自己的最新动态和想法以短信息的形式发送给手机和个性化网站群，而不仅仅是发送给个人。

④Odnoklassniki（俗称"OK"）：来自俄罗斯的社交网站，面向同学及老朋友群体（odnoklassniki 就是同学的意思）。它诞生于 2006 年。现在的速卖通、Joom、MyMALL 都是其主要引流渠道。

⑤LinkedIn：一个商务社交网站，最近比较热门，很多做外贸的卖家都在使用。它诞生于 2003 年。

⑥VKontakte（俗称"VK"）：同样是来自俄罗斯的一个社交网站，往往被人们称为俄罗斯版的 Facebook。它诞生于 2006 年。现在的速卖通、Joom、MyMALL 都是其主要引流渠道。

⑦Badoo：一个在俄罗斯建立，却在拉美国家流行的社交网站，同时在法国、意大利及西班牙等地也很热门。它诞生于 2006 年。

⑧Mixi：日本第一的社交网站，诞生于 2000 年。

⑨Flickr：很多人认为 Flickr 只是一个单纯的照片分享站点，其实 Flickr 也提供了非常丰富的社交功能，在 Wikipedia 里被定义为社交网站。它诞生于 2004 年。

⑩Hi5：一个比较老的全球化社交站点，在泰国、墨西哥、罗马尼亚及秘鲁比较流行，诞生于 2003 年。

⑪Nasza Klasa（网站名为"我们班"）：来自波兰的面向在校及毕业生的社交网站，诞生于 2006 年。

⑫Instagram：全球最大的图片短视频分享平台，地位不亚于 Facebook，甚至有超越的迹象，是 Facebook 旗下产品。

⑬Youtube：严格意义上来说这个并不算是社交平台，应该算是全球最大的视频网站，谷歌的旗下产品。

⑭Pinterest：主打瀑布流式图片风格，女性群体占据 90%，流量也是近亿级

别，北美群体用户居多。

⑮Hyves：荷兰最流行的社交网站，诞生于2004年。

⑯Taringa!：来自阿根廷的社交网站，有西班牙语及葡萄牙语两个版本，其重要流量来自拉美国家及西班牙。它诞生于2004年。

⑰Netlog：主要针对欧洲年轻人的一个社交网站，目前是不冷不热，诞生于2003年。

⑱Live Journal：一个比较老的社交站点，建立于美国但是现在却身处俄罗斯。它诞生于1999年。

⑲Wer – kennt – wen：来自德国的一个社交网站，与Myspace有点像，网站名的意思为"谁认识谁"。它诞生于2006年。

⑳Sonico：主要针对拉美用户群的社交网站，诞生于2007年。

㉑Deviant Art：一个非常著名的设计师交流网站，诞生于2000年。

三、社交媒体内容营销工具

如何在社交媒体吸引注意力，关键看分享的内容，分享的内容要么是有娱乐性，要么就是对潜在用户有帮助。无论哪种，它们都离不开一个重要的特点，就是能够引起人们某种情感的连接和共鸣！所以，网络营销最终的关键就是看商家是否能在嘈杂的市场里发出自己独特的声音，脱颖而出去吸引目标用户。以下是几款好用的营销工具。

（一）BuzzSumo

BuzzSumo是一个在线互联网内容筛选收集工具，如图6-7所示。它可以帮助用户筛选互联网中最流行的话题内容，还可以收集社会化媒体统计的内容数据，针对不同类型的内容进行过滤、排序等。这是挖掘话题（Topic）和验证某话题是否受欢迎的一款利器。此工具可提供社交分享量的数据支持。输入相关关键词，就可以看到在社交平台分享次数较多的相关热门文章，这些热门文章通常就是一些热门话题。在BuzzSumo上不仅可以看到每篇文章的总分享次数，还可以看到文章分别在Facebook、LinkedIn、Twitter、Pinterest上的分享次数。

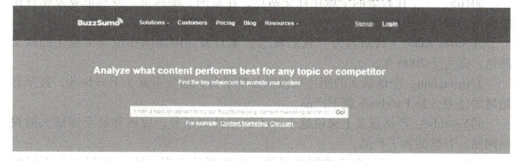

图6-7 BuzzSumo首页

1. 登录

BuzzSumo 有免费版本和付费版本，付费版本可得到更多结果。从主导航可以看到，BuzzSumo 主要分为三块，分别是 Content research、Influencers、Monitoring，如图 6-8 和图 6-9 所示。

图 6-8　BuzzSumo 主导航一

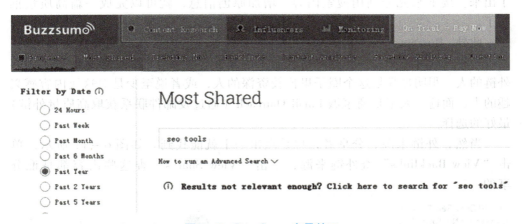

图 6-9　BuzzSumo 主导航二

2. 利用 BuzzSumo 找相关内容

写出一篇对客户有用、能被很多人分享、引发病毒营销的高质量文章，通过这类文章获得流量和外链，积累品牌口碑是内容营销的主要目标。

当确定文章主题或者说关键词之后，将关键词输入 BuzzSumo，可以很轻易地找到互联网中围绕这个主题的最火的文章，通过参考这些被用户追捧的文章，可以找到潜在用户到底在关心什么，对什么更感兴趣。同时参考这些文章的写作方式和套路，往往能借鉴到非常多有用的东西。具体的操作方式也非常简单，在搜索框输入关键词,单击"搜索"即可,如图 6-10 所示。

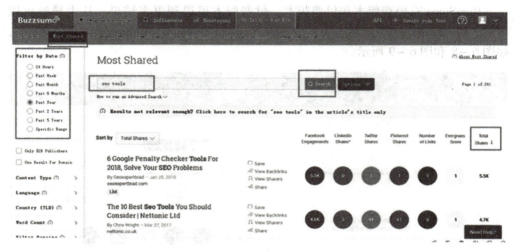

图 6-10 关键词搜索

左侧菜单栏,可以设置过滤要素,比如搜索时间、是否只显示 B2B 发布来源、内容类型、语言、国家等。通过搜索,去年一年关于这个话题最火的内容就呈现了出来。接下来充分利用搜索内容,增加原创信息,就可以完成一篇高质量推文了。

此外,BuzzSumo 还能提供这些内容的来源、这些内容获得的外链是谁给的、内容是哪些人分享的。发布这些信息的人、分享这些信息的人、愿意给这些内容外链的人,很明显都是这个圈子里比较资深的人,或者说至少是对这块内容感兴趣的人,而这些人正是商家做 Email Outreach(通过发邮件联系获取高质量外链)最好的选择。

当然,外链来源、分享者,也是点击一下就能找到。如图 6-11 所示,单击"View Backlinks"查外链来源,单击"View Shares"查这些内容都是谁分享的。

图 6-11 内容来源查找

3. 利用 BuzzSumo 了解趋势

BuzzSumo 还可以提供全世界范围内当下哪些内容最火(不限范围)。操作同样非常简单,只需要单击一下"Trending Now"即可,通过顶部和侧边的选项可以对内容进行过滤,如图 6-12 所示。

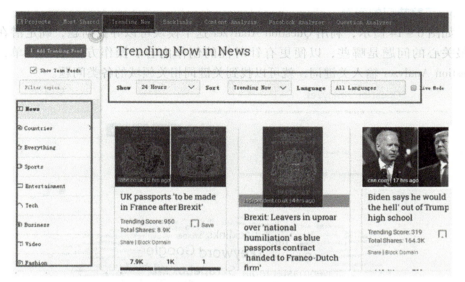

图 6-12　趋势了解

4. 分析 Facebook 话题情况

通过如图 6-13 所示，Facebook Analyzer 可以单独查看关于某个话题在 Facebook 上被分享、点赞、评论最多的内容，从而找到什么样的内容在 Facebook 上最容易获得成功，更重要的是，这些成功内容的发布者就是 Facebook 上围绕这个话题最有影响力的人。所以，如果写了一篇相关领域高质量文案，不妨联系一下这些网红（Influencers）。

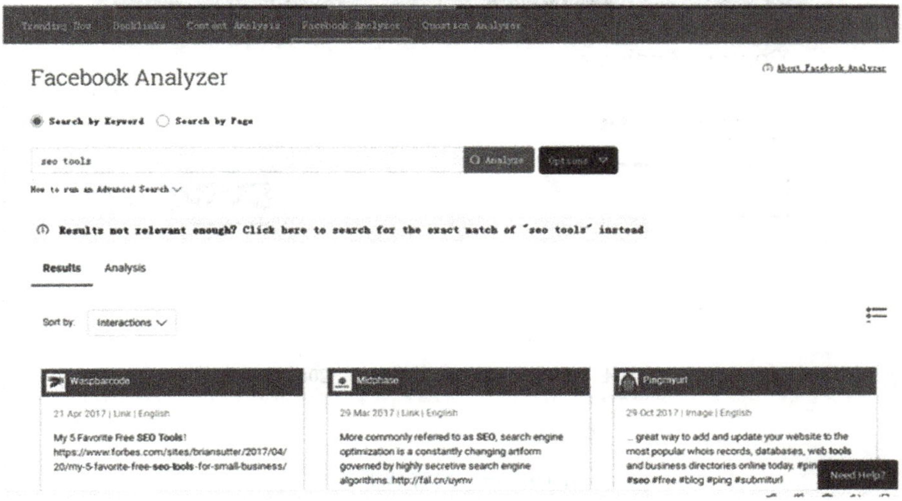

图 6-13　联系网红

5. 了解热门的问题

如图6-14所示,利用Question Analyzer这个模块可以寻找问题,确定潜在用户最关心的问题是哪些,以便更有针对性的创作内容。操作方法也很简单,在Question Analyzer输入关键词,就可以找到关键词相关领域的各类问题。

图6-14 热门话题

6. 分析内容

使用BuzzSumo的Content Analysis模块可以对内容数据进行深入的分析(Facebook analyer也可以做一样的分析,但是仅局限于Facebook)。Content Analysis操作很简单,将想了解的话题输入搜索框,单击"Search"即可,如图6-15所示。

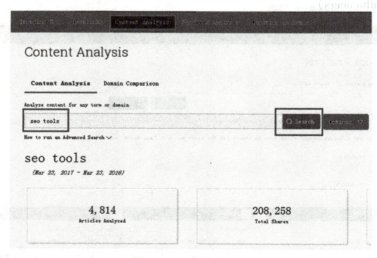

图6-15 内容分析一

随后就会得到一系列数据,如图6-16所示。

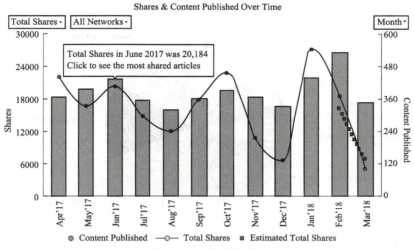

图 6-16 内容分析二

如何利用这些数据？营销人员肯定在内容发布量低、发布趋势上升的时候发布内容，这样才能最大限度避免竞争，同时获得最多的分享。然后，内容在哪类社交平台获得的分享最多？哪些内容类型被分享的最多？

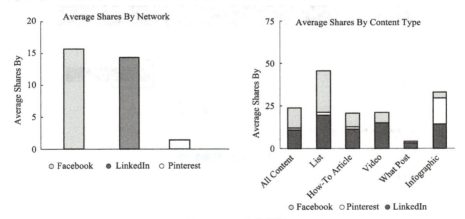

图 6-17 平台分析

如图 6-17 左侧图所示，如果某类内容在 Pinterest 上没人看，在 Facebook 上反而很火，当然选择在 Facebook 上推广；同理，右侧图能看出最受欢迎的内容形式是 List。此外，内容在星期几被分享的最多、多少字的内容被分享的最多等数据，都可以在这里轻松获得。

最后，被分享最多的内容来自哪些网站、博主是谁，这里也有清晰介绍，如果想投稿的话，很显然，这些人是最好的选择，如图 6-18 所示。

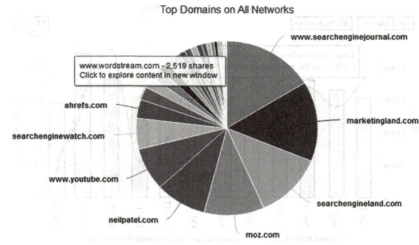

图 6-18　分享来源分析

7. 分析竞争对手（社交、外链和营销手段）

分析竞争对手网站的外链和分享数据，可用 Backlinks 模块。输入竞争对手的域名信息，然后单击"Search"即可，如图 6-19 和图 6-20 所示。

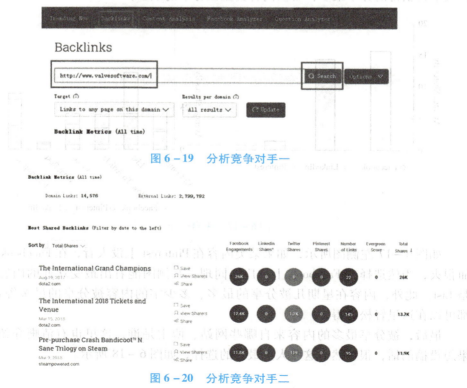

图 6-19　分析竞争对手一

图 6-20　分析竞争对手二

如何利用这些数据？商家将竞争对手网站进行探索后，显示出来的正好是有竞争对手外链的网页，如果能够创作出比竞争对手更好的内容，自然有很大的概率也能从这些地方获得外链。同样，还找到了社交网络中愿意分享这些内容的人，可能很容易就跟这些网红建立联系。

8. 找网红

这应该是 BuzzSumo 的核心内容之一，除了上面提到的可以联系网红的方法，BuzzSumo 还有单独的 Influencer 模块。这个模块只能寻找 Twitter 上的网红，分为两部分：一部分是通过查找 Twitter 上那些网红的个人介绍（BIO），将里面包含搜索词的网红找出来；另一部分是通过输入关键词或者网址，将分享过输入的关键词或网址的网红找出来。如图 6-21 所示。

图 6-21　寻找网红

9. 品牌跟踪

外链往往需要主动索求。如图 6-22 所示，BuzzSumo 的 Monitoring 可以持续关注公司相关品牌词的提及情况，营销人员即可迅速发邮件联系，请求对方增加外链。当然，这里还有一个很重要的功能，那就是检测提到竞争对手品牌和事件的内容，这样可以很好地知道竞争对手做了哪些事，用了哪些营销手段，等等。

（二）Giphy

Giphy 是一个免费的谷歌插件（下载地址：https://bit.ly/2dIT6KI3），是一个在线动态 GIF 图片搜索引擎。Giphy for Chrome 是一款可以帮助用户搜索到 GIF 图片的谷歌浏览器插件，在 Chrome 中安装了 Giphy for Chrome 插件以后，用户就可以在聊天的时候，使用 Giphy for Chrome 插件快速搜索到想要的表情，并添加到聊天窗口中。

在谷歌浏览器中安装 Giphy for Chrome 插件，并在 Chrome 的扩展器中启动快速搜索 GIF。单击 Chrome 右上角的 Giphy for Chrome 插件按钮，输入一个关键词就可

图 6-22 品牌跟踪

以快速地搜索到相应的 GIF 图，如图 6-23 所示。

图 6-23 Giphy for Chrome 插件

用户还可以把这些搜索到的 GIF 图快速地添加到当前的聊天窗口，可以直接拖动想要的 GIF 图在 Gmail、Facebook、Twitter、Slack 和 Hipchat 上进行使用。

（三）Canva

如图 6-24 所示，Canva 是一款多平台（Web、Mobile、Mac、Windows）的在线平面设计软件，包括 Canva 网页版、iOS 和安卓应用。Canva 支持团队协作。Canva 提供图片素材和设计模板，通过简单的拖拽操作即可设计出海报、横幅广告、名片、邀请函等。

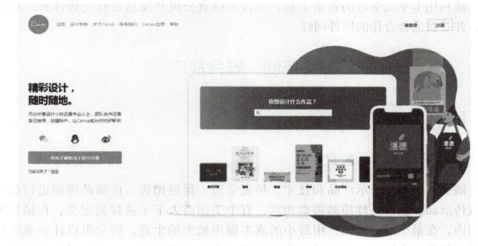

图 6-24 Canva 首页

（四）Infogram

Infogram 是一个支持在线制作响应式资讯图表设计的工具，如图 6-25 所示。用户可免费轻松地组合各种图表样式，通过简单的拖拽功能即可完成，Infogram 可以根据显示器屏幕的大小自动调整适合的阅读效果。Infogram 拥有庞大的数据库，不仅为用户提供了超过 35 类交互式图表模板，还提供了约百万张的高清图片和图标素材。除了"硬件"标准不错，Infogram 的用户体验也很好。Infogram 支持多种本地文件或云文件的数据直接导入，并可以将图表任意导出为图文或网页。同时，Infogram 是为协作而构建的，支持团队账号共享文件，方便协作。

图 6-25 Infogram 首页

【实战演练】

请利用本单元学习的营销工具,为吉美商贸公司开发适合社交媒体推广的内容,并寻找适合合作的国外网红。

任务四　展会推广

【相关知识】

一、展会推广的意义

展会,是为了展示产品和技术、拓展渠道、促进销售、传播品牌而进行的一种宣传活动。就贸易性质的展会而言,有个美国商人下了这样的定义:在最短的时间内,在最小的空间里,用最小的成本做出最大的生意。展会可以让企业之间面对面地进行交谈,可以让目标客户实实在在地看到产品;为从未谋面的行业新朋友提供认识、交流、合作的平台,为行业老朋友提供叙旧、加深了解、建立合作的机会,为企业展示自己最新产品、建立品牌形象搭建一个最佳平台。展会经济具有较大的产业带动效益,对参与展会推广的企业来说,作用难以估量。企业的产品不仅能在展会上得到充分展示,进一步提升品牌的知名度和美誉度,而且通过积极的展会推广,能给企业带来订单,为企业换取丰厚的经济效益。

二、参展目的

企业参展的目的不尽相同,相应的推广方法也是不同的。企业参展的根本目的是销售,展示只是一种手段,但这并不意味着只通过企业参展时签的订单数就可以显示出参展效果。企业参展的目的除了展示新产品、提升企业知名度,还可了解市场变化情况。市场上什么样的产品最受欢迎,竞争对手的各种动态,这些都是展会带来的最有价值的东西,可以让企业及时地对自身的战略进行调整。

(一)展品交易

企业在展会上可以结识同行业的采购商和经销商,也可以不断寻求新客户,在很短的时间内与目标客户直接沟通,可将产品的信息发送给特定的客户,并可收获来自客户的即时反馈,还可以收集客户对产品的意见,以便及时改进,从而获取订单,为企业带来利益。

(二)深入了解市场

由于展会聚集了同行业的各家企业,企业可高效率地了解到本行业的市场动向。所谓"知己知彼,百战不殆",通过展会期间的调查和观察,可以收集有关竞争者、分销商和新老客户的信息,能够迅速、准确地了解国内外最新产品和发明的现状与行业发展趋势等，从而为制定下一步的发展战略以及产品的研发和改进提供依据。

（三）宣传企业形象

企业参展，必然需要一定的空间，即展位。展位分为标准展位和特装展位。一般标准展位配置低，费用也较低；特装展位则可以根据企业文化、产品概念等自主设计和搭建。展位就是企业形象的重要标志。现在更多的企业并不是为了真正的交易，而是为了宣传企业形象，展示为主，签单为辅。

三、展会推广的步骤

在明确了参展目的后，还需要细化推广步骤，可以分别从造势展前推广、展示展中产品、管理展会现场三个方面来完成。

（一）造势展前推广

展会的成功取决于准备阶段。如果想让客户访问自己的展位，需要确保是让客户知道自己会在哪里参展。在展会开始前几周和前几个月，需要使用展前推广策略。

1. 邀请客户与调查

为展会活动专门整理制定一个客户名单列表，名单的来源可以基于对数据库列表进行兴趣、地点、行业、职业、公司大小等属性的筛选划分，由此挑选出参与此次展会的较为理想的客户。接下来公司制作统一的邀请函和精美海报。邀请函根据公司的企业文化和新产品特色来制作。海报按用途分为摊位装饰海报、移动端推送海报和网页端海报；按功能可以分为展示型海报、通知型海报和营销型海报。通知型海报用来通知客户企业即将参加的展会，并邀请客户参加。营销型海报，目的是给客户展示新产品，突出产品亮点，进行营销。海报以手机页面尺寸设计，客户收到之后无须进行扩大，即能看清楚所有内容，增强客户体验度。表6-1为邀请函和精美海报的设计制作要求，图6-26为邀请函示例。

表6-1 邀请函和精美海报的设计制作要求

邀请函	精美海报
美观大方	精简表达
热情真诚邀请	展示独特卖点
优化设计，方便阅读	大号字体，方便阅读
英文或多语言版本	英文或多语言版本
展示优秀企业文化	专业清晰的平面设计

邀请函设计制作完成后由业务人员通过邮件、微博、微信和短信等平台发送

给客户，该项工作应当在展会开始前1个月内完成。如客户对公司的邀请做出反应，则应该尽快确定对方的信息，如对方行程、参展代表的姓名、有无前期合作、具体操作的业务人员、历次的报价清单、合作中存在的问题以及本公司希望向其推荐的新产品信息等。以上信息应当整理成文件形式的客户列表，出席展会的业务员必须大概了解，以便在展会现场接洽客户时使用。对未做出反应的客户，展前再通知一遍。

图6-26　邀请函示例

调查本身源于公司业务人员的销售习惯和平时的积累。国内的一些大型企业在出席展会时因由专门的人员负责管理该项事务，因此会对展会的各方面信息有翔实的调查记录，主要包括以下情况：

①展会规模和发展走向；
②该展会中同类企业（最好为同类产品）的情况；
③设法获取以前出席过该展会的大客户名单；
④设定目标客户。

2. 参展人员的准备与培训

不同的国家有不同的风俗习惯、文化和禁忌，所以熟悉一个国家的情况，非常有利于跟客户进行沟通交流，避免不必要的小矛盾，因此，对于各国礼仪的认识就显得非常重要了。所以应将各国的礼仪整理成表，人手一份，在展会前或者展会期间闲暇时候加紧学习，提升业务员礼仪水平和交流。比如提前了解当地国家的文化、习俗、交通、饮食、天气、酒店信息、备用的求助电话（报警或者护照丢失时候的联系人，中国驻当地大使馆的相关信息），还需要清楚展会举办地点的消费习惯及客户的采购习惯、进口的特殊要求和当地常用的付款模式等。了解行业内热卖的产品和展会的新产品、新技术，拍照保留所有展位图片，新展品图片。另外最好给客户准备礼物，挑选优质或优质潜在客户赠送中国特产，如茶叶、丝绸、中国结等能代表公司美好合作意愿的礼物。

（二）展示展中产品

参加展会，展品的准备是最重要也是最费时的。

首先，选择好参加展会的样品款式及型号。如需要重新打样或要赶在展会前出新产品的，要尽早和工厂联系安排样品生产，样品尽早出来，便于后期的各项工作的开展，比如价格整理、样册制作等。准备样品的同时需要核算好每款样品的价格，准备好报价单。业务员要对产品价格非常熟悉，便于展会客户询价时能够以最快的速度报出准确的价格。

其次，在展会样品上最好贴上系列名称、型号或货号，或者挂上特制的带有公司Logo的吊牌，一方面能够给人专业的感觉，另一方面也能够准确地识别不同款产品的型号，方便报价。展会时，可能来展位看的客户有时会比较多，照顾不过来，每个产品附上简介，客户就可以先自行了解。针对某些热销款式的产品或公司主打主推的款式，样品可以适当多准备几个，以备不时之需，例如，有时展会上客户会要求赠送样品，或者展会上样品出现损坏或丢失可以及时替补。

最后，样品的质量要严格检验，在展会上，样品代表了公司的形象，如果样品都有问题，客户的印象就会大大降低，严重影响展会效果。而且，参展的所有样品都要拍照留底，做好记录，当再次参加展会时可能会碰到上次展会来过的客户，万一提及之前展会的样品，便于查找。样品全部准备好，装箱运往展会地时，每个箱子外面最好贴上箱内的产品型号清单，方便展会时拆箱整理展出。

（三）管理展会现场

现场管理工作计划是对准备在展会期间同期举办的各种相关活动做出的计划安排，一般包括展会开幕计划、展会展场管理计划、观众登记计划和撤展计划等。

1. 展会现场管理内容

展会现场管理的内容主要有12项，分别是：展会观众管理、展会现场广告管理、参展商行为管理、安全管理、交通物流管理、餐饮管理、证件管理、参展商和观众投诉处理、新闻管理、知识产权和观众投诉处理、现场保洁以及展览会布展和撤展管理。

2. 展会现场管理的步骤

第一步：展会布展阶段。

（1）设立场地前台接待

①负责参展企业报到登记；

②根据参展报名情况落实参展证的派发和展品进入场地确认；

③派发参展企业在参会期间的参会指南；

④进行一些相关企业的咨询活动，介绍展场的大体安排情况。

（2）酒店接待处

①设立前台接待处；

②进行参展商住宿登记；

③住宿表要求填写企业名称、房间号码、酒店联系方式、房主姓名。

（3）场馆现场协调工作

①负责监督现场施工，即根据参展企业要求进行的展位施工；

②在现场工作中注意防火、防电、防盗等；

③协调企业现场租赁业务；

④根据企业报名表，布置会场外的广告宣传（一般为参展企业根据要求而设立）。

（4）交通运输安排及搬运工作

①企业运输展品的接待及装卸；

②搬运工作协调。

第二步：展中开展阶段。

（1）展览会的开幕式组织工作

①确定邀请参加展览会开幕式贵宾名单；

②确定邀请参展企业的记者名录；

③开幕式的场地搭建要求；

④开幕式主持人讲话内容的审定及参加嘉宾讲话内容的审定；

⑤开幕式结束后，确保带领嘉宾参观及讲解的人员到位，以及安排会后的工作。

（2）展会召开期间

①做好大会的参观人数的统计、分类；

②发放大会的展览会刊（每天定时发放，要根据参观对象的身份发放）；

③协调展会期间研讨会的组织和安排工作，做到研讨会与展览会有机结合；

④做好最后的中间人形象，积极为企业牵线搭桥，为企业服务；

⑤做好大会的成交额记录；

⑥积极听取参会代表对大会的意见和建议；
⑦根据参会信息，再次邀请参会客户参加下一届的展会。

第三步：展会撤展阶段。

展会结束的标志是撤展会议的召开。一般在撤展前一天上午召开会议，商讨撤展的各个环节，明确各单位的职责，尤其要决定撤展的具体时间。撤展的具体时间依次为停止观众登记的时间、停止观众入场的时间、观众清场的时间、断电的时间、开出门证的时间、开启货物通道的时间、闭馆的时间等。撤展前一天下午，办展机构就可以把有关情况以书面形式通知各参展商，以利于其安排第二天的工作。具体工作包括撤除展位；退还展具，妥善处理展品；做好展场清洁，加强安全和消防保卫工作，及时处理撤展留下的大量垃圾；全场断电后，查看展场的电表读数以便结账；核对并确认现场费用的清单，约定时间结清费用；将所有现场资料和设备等整理后运出展场。

【实战演练】

请分析吉美商贸公司此前出现的展会推广问题，明确参展目的，制订一个具体的展会推广计划（包括制作邀请函及海报、准备样品等工作）。

参 考 文 献

［1］陈道志．跨境电商营销推广［M］．北京：电子工业出版社，2018．

［2］刘慧君，董晓燕．跨境电商视觉营销［M］．北京：中国人民大学出版社，2018．

［3］叶鹏飞．亚马逊跨境电商运营实战：解开畅销品与 A9 算法的秘密［M］．北京：中国铁道出版社，2018．

［4］周佳明．跨境电商营销推广．［M］．北京：中国人民大学出版社，2018．

［5］林鸿熙，郑斌斌．跨境电商营销．［M］．厦门：厦门大学出版社，2018．

［6］胡国敏，王红梅．跨境电商网络营销．［M］．北京：中国海关出版社，2018．

［7］陈健．国际营销理论与实务［M］．北京：中国人民大学出版社，2015．

［8］2019 亚马逊站内推广所有方式汇总．https：∥www．cifnews．com／article／42668．

［9］跨境电商怎么做站外推广——四大推广方式介绍．https：∥www．jisujie．com／zixun／1401．html．

［10］Focussend：《2019 社交媒体营销指南》．http：∥www．100ec．cn／detail—6505476．html．